Ciudades maravillosas
$\left[\begin{array}{c}\mathbf{1001}\\\text{fotos}\end{array}\right]$

Dirección editorial: Isabel Ortiz
Textos: Françoise Bayle
Traducción: Teresa López
Corrección: Isabel López
Diseño gráfico: Gwénaël Lecossec
Maquetación: Miguel Ángel San Andrés
Cubierta: Natalia Rodríguez

© Copyright SA, 12, villa de Lourcine - 75014 París, Francia
© Susaeta Ediciones, S.A.
Tikal Ediciones
C/ Campezo, 13 - 28022 Madrid
Tel.: 91 3009100 - Fax: 91 3009110

Ciudades maravillosas
[**1001** fotos]

TIKAL

Índice

Ciudades de África

De la Edad Media al siglo XXI	8
De fantasía y nostalgia	20
Templos, mezquitas, rascacielos: un elocuente desorden	28
La agitada historia de ciudades con encanto	48

Ciudades de América

De Brasilia a Ushuaia	78
El Nuevo Mundo	102
La perdurable huella de los conquistadores	134

Ciudades de Asia

Tradición y modernidad	156
Ciudades llenas de color	184
En las estepas de Asia central	226
Ciudades de Oriente Próximo	238
En las antípodas de la vieja Europa	262

Ciudades del norte de Europa

En el corazón del mundo germánico	286
Cuando el agua da vida a las ciudades	310
Joyas arquitectónicas	334
La «ciudad más bella del mundo» y otras	366

Ciudades del sur de Europa

Ciudades conquistadas, reconquistadas y conquistadoras	390
A orillas del Adriático y el Mediterráneo	416
Ciudades donde se respira arte	430

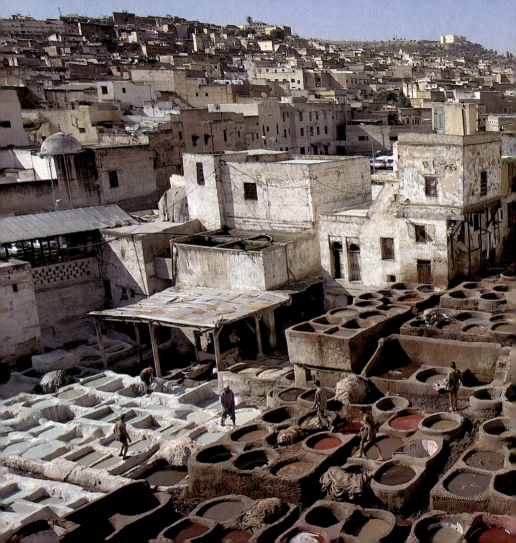

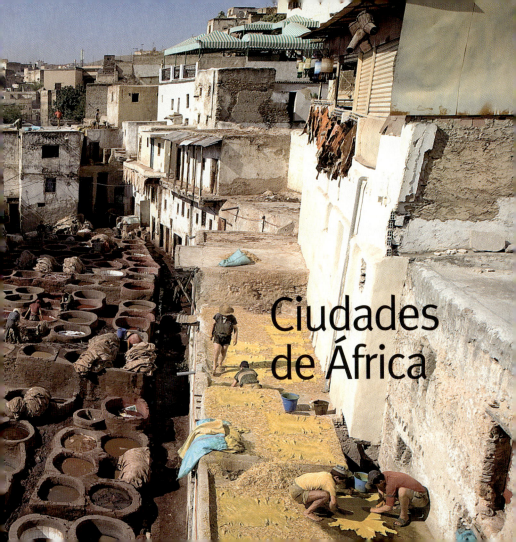

Ciudades de África

Zanzíbar fue el mayor productor de clavo de olor en el siglo XIX. Es posible que esta embarcación tradicional haya servido para transportar esta mercancía.

Para muchos, el continente africano evoca la sabana y los poblados. Sin embargo, cuenta también con ciudades míticas de sugerentes nombres: Yibuti, Lalibela y Zanzíbar, en África oriental, y la ciudad de El Cabo en Sudáfrica.

Ubicado en ese Cuerno de África que ya surtía a los antiguos de incienso, cinabrio y mirra, Yibuti alimentó la imaginación de varias generaciones de viajeros y aventureros, desde Henri de Monfreid hasta Joseph Kessel y Albert Londres. Más hacia el interior, la ciudad etíope de Lalibela es un lugar excepcional: once iglesias monolíticas de principios del siglo XIII, excavadas en la roca basáltica de la ladera de una montaña o a ras de suelo, reproducen simbólicamente la ciudad de Jerusalén. Se trata de una ciudad santa, situada a una altitud de 2.700 m, que atrae a decenas de miles de peregrinos dirigidos por un pintoresco sacerdote.

Por lo que respecta a Zanzíbar, la «isla de las especias», en la costa de Tanzania, alimentó durante siglos la curiosidad de los marinos árabes y persas, de los inmigrantes de la India, así como de los exploradores británicos. Asimismo, fue un gran proveedor de esclavos. En las estrechas y sinuosas calles de Stone Town, su ciudad antigua, se mezclan las influencias árabe, india, africana y europea. Muchas de sus casas están construidas de coral negro y presentan puertas de madera finamente talladas.

De la Edad Media al siglo XXI

Respecto a las ciudades legendarias y ancladas al continente, la ciudad de El Cabo parece mucho más reciente y mucho menos africana debido a la presencia de holandeses, malayos y británicos. Aunque en su urbanismo están inscritas las heridas aún abiertas del *apartheid*, no carece de encanto y dinamismo.

La ciudad etíope de Lalibela alberga once iglesias talladas en la roca. Dos de ellas son Santa María [1] y San Jorge [2] y [3], monumental volumen en forma de cruz de 12 metros de alto, excavado en un solo bloque, cuyo tejado aflora a ras del suelo.

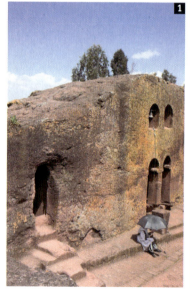

De la Edad Media al siglo XXI

Situada en la desembocadura del estrecho que separa el mar Rojo del océano Índico, Yibuti [2] fue durante mucho tiempo un importante lugar de intercambio entre dos mundos, África y Arabia.
[1] La gran mezquita.

A casi 1.000 metros de altitud, Table Mountain domina la ciudad de El Cabo [2]. El barrio malayo [1], o Bo-Kaap, se caracteriza por sus famosas casas pintadas en tonos pastel; en Hout Bay, los artesanos venden sus productos en el puerto [3].

De la Edad Media al siglo XXI

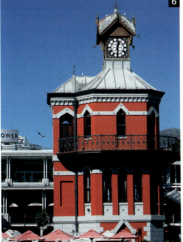

Con su torre del Reloj [6] la zona de Victoria y Alfred Waterfront es una parte del puerto recientemente rehabilitada [4]. No lejos de los guetos habitados por los negros ([7], el *township* Imizamo Yethu, en Hout Bay), se extienden las playas, como la de Muizenberg [5], con sus vistosas casetas de baño, o Bantry Bay y Clifton [doble página siguiente].

Colonizada por los portugueses en el siglo XVI, Zanzíbar, la «isla de las especias», forma parte de Tanzania tras haber sido territorio del sultanato de Omán. A la izquierda, un templete en el jardín de Forodhani [1], en el paseo marítimo [2]. Bajo estas líneas, una puerta tallada [3] en Stone Town, el casco histórico de la ciudad, con su laberinto de callejuelas y bazares [página de la derecha].

[1] y [4] Playas que bordean Stone Town, la «ciudad de piedra», en Zanzíbar.
[2] En este mismo barrio, el mercado de Darajani.

De la Edad Media al siglo XXI

[3] Las agujas de la catedral de San José, construida, como la mayoría de las construcciones antiguas conservadas en Zanzíbar, en la segunda mitad del siglo XIX.

Muchacho bajando una escalera en Chinguetti, al norte de Mauritania.

Asentadas en el oeste del África negra, las ciudades de Chinguetti, Tombuctú y San Luis continúan fascinando a los viajeros. Mientras que la arena y el tiempo casi han podido con las dos primeras, el final de la historia colonial francesa hizo mella en el prestigio de la tercera.

Situada en pleno desierto, la ciudad de Chinguetti, en otro tiempo centro de las rutas de caravanas, sigue atrayendo a multitud de turistas deseosos de conocer tanto la arquitectura autóctona, con casas de adobe y macizas puertas de madera de acacia, como sus exóticos paisajes amenazados por el avance de las dunas. Pese al estado casi ruinoso de muchas de estas casas, algunas albergan colecciones tan bellas de manuscritos que la ciudad se conoce como la «biblioteca del desierto», sobrenombre que podría compartir también con Tombuctú. La mayor parte de estos manuscritos, que versan sobre música, astronomía, derecho, botánica, historia, religión, farmacopea y gramática, son propiedad de particulares. Centro de varias rutas del mercado transahariano desde el siglo XII, era allí donde las mercancías llegadas del norte a lomos de camellos se cargaban en piraguas, que navegaban hacia el sur por el río Níger: sal (oro blanco), especias, seda, cobre y estaño, marfil y esclavos. De esta ilustre ciudad sólo se conservan tres mezquitas y un laberinto de casas de adobe amenazadas por el avance de la arena del desierto. Apenas se vislumbra la extraordinaria fama intelectual que conoció la

De fantasía y nostalgia

ciudad en otra época, cuando contaba con numerosos edificios religiosos.

Primera colonia comercial francesa de África oriental, la ciudad costera e insular de San Luis, que debe su nombre a Luis XIV, conserva su trazado urbano regular con bellos edificios coloniales, testigos de una época en que se comerciaba con esclavos y mercancías.

La ciudad de Chinguetti llegó a contar con doce mezquitas. En las fotos vemos una de ellas [1] y un cementerio, con las dunas como telón de fondo [2].

De fantasía y nostalgia

[4] y [5] Fundada en el siglo XIII, séptima ciudad santa del islam, Chinguetti ha conservado de su pasado esplendor una docena de bibliotecas que albergan valiosos y antiguos manuscritos...
[3] y [6] Las casas tradicionales están hechas de adobe, una mezcla de barro y paja.

[Doble página anterior] El puente de Faidherbe, obra de Eiffel, mide más de 500 m. Concebido originalmente para cruzar el Danubio, fue transportado por piezas hasta San Luis, en Senegal. Debe su nombre al gobernador que hizo de la ciudad la cabeza de puente de la expansión colonial francesa.

[1], [2] y [3] La ciudad histórica de San Luis ha conservado bellas casas del siglo XIX.

De fantasía y nostalgia

Dominando un laberinto de callejuelas [1], la mezquita Sankoré es una muestra de la edad de oro de Tombuctú, cuando en los siglos XV y XVI era una capital intelectual y espiritual musulmana de primer orden. Las estacas que sobresalen de los muros permiten trepar por el edificio para revocarlo una vez al año [2].

Las cúpulas y los minaretes de la mezquita de alabastro de Mohamed Alí, en El Cairo, dominan la ciudadela de Saladino.

De norte a sur, Alejandría, El Cairo y Luxor se desarrollaron en el delta y en las orillas del Nilo, auténtica espina dorsal del país, conformando una estrecha banda de verdor en medio del desierto. Todas ellas son testigos de un pasado rico y turbulento.

El Cairo, la más extensa de estas ciudades y la más poblada de África, con 20 millones de habitantes, ha sido más de una vez denominada «monstruópolis». Ruidosa y asfixiante, a la vez que fascinante, a la sombra de las pirámides levantadas durante el Imperio Antiguo, con el fuerte romano, sus mezquitas, sus minaretes, sus madrasas (escuelas coránicas), sus caravasares, su ciudadela, sus pintorescos bazares, sus callejuelas medievales, sus palacios ocultos tras fachadas ciegas y puertas cerradas que nos hablan de su historia, de épocas de esplendor y de decadencia. A varios kilómetros de El Cairo se encuentra la cosmopolita Alejandría, depositaria de la cultura antigua y segunda ciudad del país, heredera también de un glorioso pasado, que, como recuerda su nombre, fue fundada por Alejandro antes de emprender su marcha hacia Oriente. Su famosa biblioteca y su no menos conocido faro bastarían para hacer de ella una ciudad mítica. Más al sur está Luxor, en otro tiempo gran ciudad dinástica del Imperio Nuevo, que hoy aparece como una ciudad modesta en comparación con el ruido y el bullicio que se respiran en El Cairo. Alberga, sin embargo, majestuosas ruinas de Tebas (la ciudad de las cien puertas de Ho-

Templos, mezquitas, rascacielos: un elocuente desorden

mero) y desde allí hay que atravesar el Nilo hacia la ciudad de ultratumba que los faraones hicieron excavar en la ladera de la montaña para allí preparar su morada eterna.

[1], [3] y [5] En El Cairo, las mezquitas se yerguen en la ciudad moderna, en la ciudadela e incluso en algunas islas a orillas del Nilo.

Templos, mezquitas, rascacielos: un elocuente desorden

[2] y [4] Cúpulas y mausoleos se elevan majestuosos entre las casas humildes. En la ciudad de los Muertos, uno de los cementerios musulmanes más antiguos, la población de El Cairo se ha ido instalando a lo largo de los siglos entre las tumbas.

El Cairo, la ciudad de los mil minaretes: el de la mezquita Al-Rifai [1], el de Al-Azhar, mezquita fundada en el siglo X, que alberga una de las universidades más antiguas del mundo [2].
[Página de la derecha] Detalle de la mezquita Al-Nasir Mohammed ibn Qalawun.

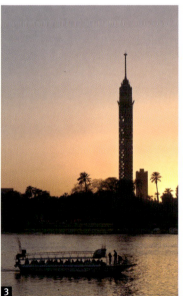

[3] Con un restaurante que gira sobre sí mismo en veinte minutos, la torre de Nahum Chebib, de 185 m de altura, ofrece una magnífica vista panorámica de El Cairo.

Los modernos rascacielos [1] de la megápolis de El Cairo alternan con los tradicionales zocos, como éste de Jan el-Jalili [2].
[Página de la derecha] En Egipto, el desierto nunca está lejos; basta con alejarse un poco de las ciudades, localizadas en la larga franja que bordea el Nilo a uno y otro lado, para encontrarse al pie de las pirámides.

3 En Luxor, la antigua Tebas, se mezclan las épocas y las civilizaciones. El templo de Karnak [7], levantado durante el Imperio Nuevo, y el minarete de la mezquita de Abu el-Haggag [2].

En la región de Luxor, en la orilla oeste del Nilo [5], por el que se deslizan las falúas [3], se levantan las necrópolis de los faraones, de sus esposas [1] y de los altos funcionarios [6], muy cerca de ciudades modestas como Gournah [4].

Los templos de Luxor aún conservan las estatuas de dioses y faraones, así como los grandes pilones que flanquean las puertas [3]; en los alrededores, en la orilla oeste del Nilo, los colosos de Memnón [1] y el gigantesco templo de Deir el-Bahari, levantado por la reina Hatshepsut (siglo xv a.C.), que en 1997 fue escenario de un trágico atentado [doble página siguiente].

Templos, mezquitas, rascacielos: un elocuente desorden

Relieves esculpidos [2], avenidas de esfinges, aquí con cabezas de carnero [4], imponentes pilonos [6] y obeliscos [5], entre otros, componen el vocabulario arquitectónico de los templos de Luxor y Karnak, levantados durante el Imperio Nuevo (mediados del milenio II a.C.).

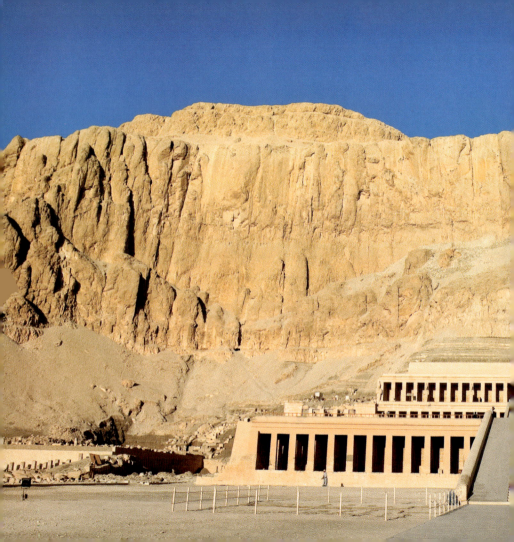

[1] y [2] El puente de Stanley, de 400 m de longitud, y la playa del mismo nombre en Alejandría, a orillas del Mediterráneo.

Templos, mezquitas, rascacielos: un elocuente desorden

Vista costera de Alejandría [3]; casi se puede oír el chapoteo de las barcas de pesca ante el fuerte de Qaytbay [4], construido a finales del siglo XV en estilo medieval sobre el emplazamiento del famoso faro desaparecido, una de las siete maravillas del mundo antiguo.

3 Fundada en el siglo IV a.C. por Alejandro Magno, al que debe su nombre, Alejandría conserva vestigios de las distintas civilizaciones que marcaron la historia de la ciudad: columna de Pompeyo y una de las dos esfinges de granito rosa [2], anfiteatro romano de Kom-el-Dick [3], mezquita de Abu el-Abbas, reconocible por sus cuatro cúpulas simétricas [1] y [página de la derecha].

En el extremo del paseo marítimo, dominando el Mediterráneo, se alza el palacio Montazah, construido en 1892, que fue la residencia del rey Faruk en Alejandría.

Templos, mezquitas, rascacielos: un elocuente desorden

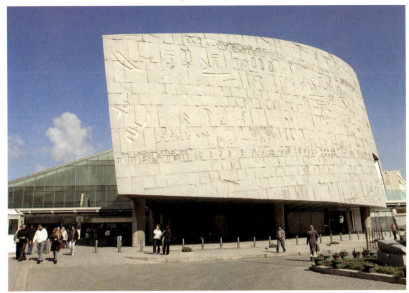

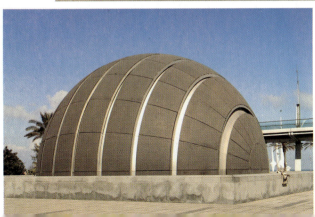

Inaugurada en el año 2002, la Biblioteca Alexandrina se levanta, aproximadamente, en el emplazamiento del antiguo edificio, que, según dicen, contenía 700.000 volúmenes y que ardió hacia el año 47 a.C., cuando César tomó la ciudad de Alejandría.

El jardín de la Menara se encuentra en la parte nueva de Marrakech. En el lugar podemos encontrar un elegante pabellón de recreo, junto al estanque y rodeado de olivos centenarios.

Roma y los primeros tiempos del cristianismo, la instauración de poderosas dinastías musulmanas y, más tarde, la influencia francesa, se sucedieron para dar lugar a las interesantes y complejas ciudades del norte de África tal y como las conocemos hoy.

«Fue en Megara, un suburbio de Cartago, en los jardines de Amílcar». Las ruinas dispersas de Cartago evocadas en el *Salambó* de Flaubert, apenas bastan para evocar el prestigio de una ciudad que dominó el Mediterráneo durante varios siglos, pese a su derrota frente a Roma. Cartago sigue siendo famosa por el esquema de su trazado urbano, propio de las ciudades romanas, y por su vida intelectual –aquí fue donde san Agustín vivió su «turbulenta juventud»-. Varios siglos más tarde, otra invasión, esta vez musulmana, modificaría radicalmente la civilización del norte de África y, por tanto, su urbanismo. Un gran número de ciudades, algunas de las cuales se remontan a la conquista musulmana, en el siglo VII, dan prueba de ello: Kairuán, capital real y ciudad santa, así como las ciudades imperiales marroquíes –Fez, Meknés (Mequinez) y Marrakech–, donde las sucesivas dinastías rivalizaron en talento a la hora de construir y decorar mezquitas, madrasas y palacios. Incluso se conservan las huellas del arte de construir en adobe, típicamente bereber, como las murallas de Marrakech. La influencia francesa se deja notar particularmente en la antigua Mogador (actualmente Essaouira), surgida en el si-

La agitada historia de ciudades con encanto

glo XVIII y único ejemplo de arquitectura planificada en el Marruecos antiguo, así como en Argel, rediseñada por los franceses durante los primeros años de la colonización y que ejerció, como Tánger, un inigualable atractivo para muchos escritores y artistas.

[1] y [5] En la costa atlántica, Essaouira, la «bien diseñada» (la antigua Mogador de los portugueses), fue concebida por un arquitecto francés del siglo XVIII, discípulo de Vauban, Théodore Cornut.

La puerta de la Marina [4], en Essaouira, que da acceso al puerto, data del siglo XVIII, al igual que la Skala de la Kasbah, recia muralla almenada que se extiende a lo largo de 300 metros [2], [3] y [6].

Resguardada tras sus murallas, la ciudad de Essaouira conserva el incomparable encanto de sus callejuelas, sus casas blancas con postigos azules, su puerto de pesca y su larga playa de fina arena.

La agitada historia de ciudades con encanto

Fue en Essaouira donde Orson Welles, seducido por la ciudad, rodó algunas escenas de su *Otelo*.

[1] a [7] Fez es la más antigua de las ciudades imperiales de Marruecos y su casco antiguo es uno de los mejor conservados del mundo árabe. Espléndidas fachadas, suntuosas decoraciones a base de *zelliges* (azulejos esmaltados) y escayola esculpida, patios, pórticos y estanques le confieren gran encanto.

La agitada historia de ciudades con encanto

[Doble página siguiente] El río Fez, que proporciona el agua necesaria para el tratamiento de las pieles, discurre por el centro de la ciudad, razón por la cual el barrio de los curtidores, por lo general instalado en la periferia a causa del nauseabundo olor, se localiza en pleno centro de la ciudad de Fez.

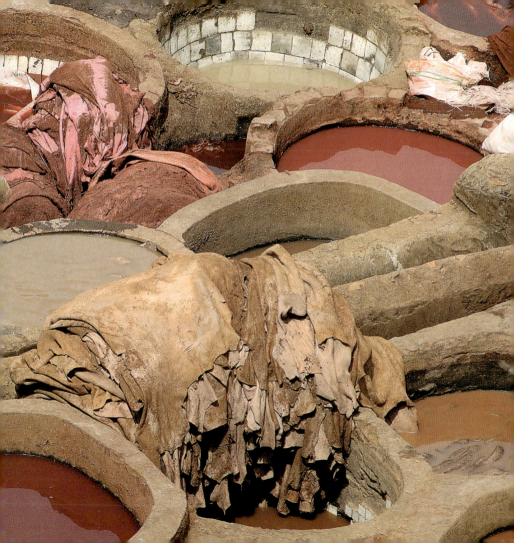

La ciudad imperial de Meknés o Mequinez [5] y [6] conoció un extraordinario desarrollo con los alauitas, concretamente con el segundo soberano de la dinastía, Mulay Ismaíl, que reinó entre 1672 y 1727, y cuya tumba podemos ver aquí [3].

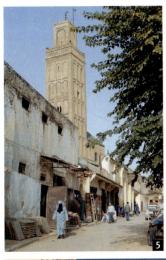

La plaza de El-Hedime [4] y [7], con su mercado cubierto [8], es el nexo de unión entre la medina y la ciudad imperial de Meknés. La puerta de Bab al-Mansur [2], la más destacada de todas las puertas de la ciudad, muestra una infinita red de almocárabes sobre un fondo de cerámica verde.
[1] La puerta de Bab El Berdain.

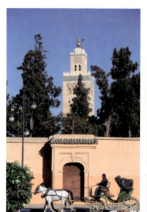

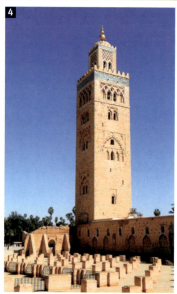

Dos son los símbolos de Marrakech, ciudad santa e imperial: la silueta del minarete de la mezquita Kutubia, que se remonta al siglo XII [1] y [4], y la plaza Jemaa el-Fna [2] y [3].

La agitada historia de ciudades con encanto

Es preciso franquear el formidable recinto amurallado [5] y [6] de tierra ocre que rodea Marrakech desde el siglo XII a lo largo de 19 kilómetros, con más de doscientos bastiones y diez monumentales puertas, para llegar hasta el jardín creado por Jacques Majorelle [7], hijo del célebre ebanista y diseñador francés de *art nouveau* Louis Majorelle, y que fue propiedad de Yves Saint Laurent.

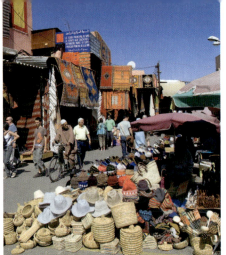

En el interior de la medina de Marrakech, los zocos y la plaza de Jemaa el-Fna ofrecen al visitante un pintoresco ambiente donde puede encontrar, entre otras cosas, especias, frutos secos, cestas, cerámica, alfombras, caftanes, joyas, medicamentos, frutas, verduras, babuchas y bandejas de cobre.

La madrasa de Ben Yusef [1] y el palacio de la Bahia [3], en Marrakech, ilustran el refinamiento de la decoración, muchas veces a base de motivos geométricos: suelos y zócalos de *zelliges*, paneles de estuco o de madera tallada...

La agitada historia de ciudades con encanto

La amplia avenida Mohammed V [2], que cruza la parte de moderna de Marrakech, el Gueliz, poco tiene que ver con el urbanismo apretado e intrincado de las casas de la medina, pegadas unas a otras [4].

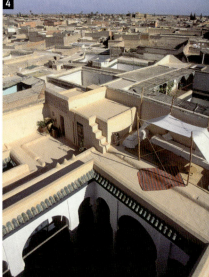

[3] y [7] Dispuesta en forma escalonada sobre las colinas del Sahel argelino, Argel, la ciudad blanca, se extiende a orillas del Mediterráneo, dominada por la kasba o ciudad vieja.

La agitada historia de ciudades con encanto

La colonización francesa introdujo profundas transformaciones en la ciudad de Argel: nuevo trazado de calles y plazas (plaza de los Mártires [4]), construcción de edificios públicos (central de Correos [5]) y religiosos (Nuestra Señora de África [2]), rehabilitación del puerto [6].
[1] El monumento a los Mártires conmemora el vigésimo aniversario de la independencia.

[1] y [doble página siguiente] No exenta de encanto, la moderna ciudad de Cartago no alcanza a mostrar todo el esplendor de la ciudad púnica [2] que se atrevió a enfrentarse a Roma y, una vez derrotada, fue reconstruida por César y Augusto, inicio de una época de prosperidad que duraría siete siglos.

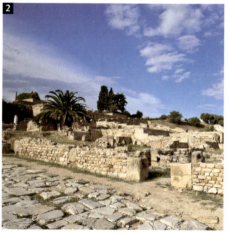

La agitada historia de ciudades con encanto

[3] Como telón de fondo de un museo arqueológico a cielo abierto, la catedral de San Luis fue erigida en el siglo XIX por el cardenal Lavigerie en homenaje a San Luis, muerto en Cartago a causa de la peste al regresar de la octava cruzada en 1270. Vestigios de la ciudad púnica, las ruinas romanas de las termas de Antonino [5] y de las villas [4] y [6] recuerdan un glorioso pasado.

[1] y [5] La Gran Mezquita de Kairuán es el lugar de oración más antiguo del mundo musulmán occidental. Fundado en el siglo VII, el edificio actual, varias veces remodelado, se remonta al siglo IX. El sólido y macizo minarete domina sus altos muros reforzados con contrafuertes.

La agitada historia de ciudades con encanto

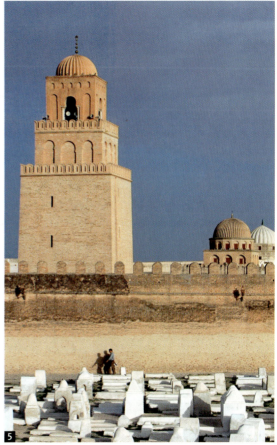

En Kairuán, las callejuelas están flanqueadas por casas de paredes blancas, con los marcos de puertas y ventanas de color azul turquesa [2] y [4]. Cerca de ellas se levantan suntuosos monumentos musulmanes, como el mausoleo de Sidi Sabih, uno de los compañeros del profeta [3].

El encanto de Kairuán no sólo reside en sus elegantes patios, rodeados de galerías con pavimento de taracea en piedra, sino también en los mercaderes de alfombras de la medina y en la luminosidad que tanto fascinó al pintor Paul Klee.

Ciudades de América

Estas legendarias ciudades de América del Sur están llenas de contrastes: desde la conquista española hasta la modernidad más radical, de las favelas más pobres a las residencias más lujosas, de las metrópolis superpobladas a una ciudad en el fin del mundo...

Admirablemente encajada entre el mar y la montaña, Río, la *cidade maravilhosa*, extiende sus lánguidas playas y sus rascacielos, a la sombra de los cuales se esconde algún que otro tesoro arquitectónico antiguo. En clara competencia con la gigantesca y cosmopolita Sao Paulo, la primera ciudad del país, perdió su capitalidad en 1960 a favor de Brasilia, surgida de la nada en tan solo mil días, según un trazado simétrico en forma de ave con las alas extendidas. Junto a esta modernidad un tanto fría, tenemos la ciudad colonial de Valparaíso, rodeada de cerros, a modo de anfiteatro con esplendidas vistas al mar, con su laberinto de callejuelas y sus típicos funiculares que llevan hasta espléndidas residencias coloniales y casitas multicolores encaramadas a las laderas.

En la cima del monte Corcovado (704 metros) se alza el *Cristo Redentor*, obra de Paul Landowski que mide 30 metros de altura y que constituye el símbolo de Río de Janeiro.

La inmensa Buenos Aires, con su trazado urbano en forma de damero, obra de los españoles, mezcla sus edificios de estilo Haussmann con bellas mansiones coloniales, pequeñas casas pintadas de vivos colores, iglesias barrocas y torres de acero y cristal. Buenos Aires, sin embargo, no sería Buenos Aires sin sus confiterías y sus cantinas, esos famosos cafés y esas salas de música y baile que aún exhalan efluvios cargados de tango.

De Brasilia a Ushuaia

En el otro extremo del país está Ushuaia, la ciudad más al sur del planeta, un lugar de ensueño, no tanto por lo heterogéneo de sus construcciones como por ser la puerta de entrada hacia mundos misteriosos, el de la Tierra del Fuego y el estrecho de Magallanes, el cabo de Hornos y la Antártida.

El famoso Pan de Azúcar [2], en Río de Janeiro, cierra la maravillosa bahía de Guanabara, descubierta por los portugueses en 1502.

De Brasilia a Ushuaia

[1], [3], [4] y [5] Instalada entre el mar y la montaña, Río es una ciudad evocadora en la que todo suena a música. Los nombres de sus playas quedaron inmortalizados en las canciones de Tom Jobim y Vinicius de Moraes: Copacabana, Ipanema...

Mezclas arquitectónicas en Río, la *cidade maravilhosa:* el antiguo ayuntamiento [1], la plaza Floriano, y el Museo de Arte Contemporáneo de Niterói [2], diseñado por Oscar Niemeyer, arquitecto de Brasilia, con su amplia cúpula de hormigón que se abre «como una flor».

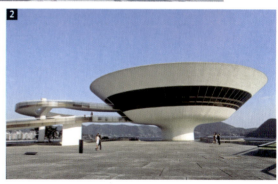

[4] Inaugurado en 1909, el teatro Municipal recuerda a la Ópera de París: mármoles, cristales, espejos y mosaicos fueron importados de Europa.
El carnaval de Río de Janeiro, el más famoso del mundo, con su despliegue de carrozas y trajes de un lujo insólito [3] y [5]. Otro símbolo de Río es el Pan de Azúcar (395 metros), al que se accede en funicular y desde el que se disfruta de una magnífica vista de la ciudad [doble página siguiente].

Especie de Nueva York tropical, Sao Paulo impacta por sus dimensiones y contrastes: catedral neogótica de la Sé [2]; monumento de Zani en memoria a los fundadores de la ciudad [4] delante del Patio do Colegio [1], antigua misión de los jesuitas, del siglo XVI, y primer tribunal de derecho civil.

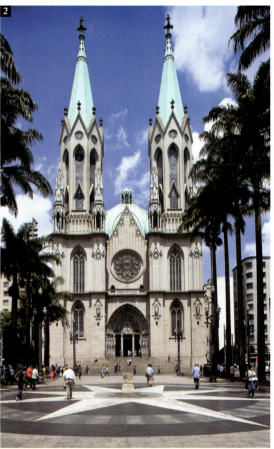

De Brasilia a Ushuaia

En Sao Paulo, los edificios más antiguos de la avenida Paulista [3] se codean con los rascacielos de la zona sur [5].

Brasilia, la capital de Brasil, se encuentra en la parte central del país. Fue creada de la nada, entre 1956 y 1960, por el urbanista Lucio Costa y el arquitecto Oscar Niemeyer. Toda ella respira modernidad: alrededor de la plaza de los Tres Poderes, el Congreso [2] y *Os candangos,* estatua de bronce de Bruno Giorgi [1]. El puente Kubitschek [3], en honor al presidente de Brasil, impulsor de este proyecto, y la catedral [página de la derecha].

Valparaíso posee un indiscutible encanto gracias al laberinto de escaleras y callejuelas tortuosas [1], [4] y [6], y a los funiculares [3] que, ajenos al tiempo, ascienden por los cuarenta y dos cerros que rodean la ciudad.

De Brasilia a Ushuaia

[5] La maraña de cables del tendido eléctrico dice mucho sobre el «bricolaje» del urbanismo espontáneo e improvisado de Valparaíso. La apertura del canal de Panamá trajo consigo el declive del puerto [2], al no ser necesario rodear el cabo de Hornos para pasar de un océano a otro.

[2] Con un trazado urbanístico en forma de tablero de ajedrez, Buenos Aires, el «París de América del Sur», muestra a lo largo de sus amplias avenidas y sus grandes plazas edificios que se inspiran en el eclecticismo europeo del siglo XIX.

De Brasilia a Ushuaia

En Buenos Aires: el palacio Barolo [1], construido en la década de 1920 con un faro en la cúspide, el palacio de las Aguas [4], inmenso depósito de agua potable, y el palacio del Congreso de la nación argentina [3], de estilo neoclásico.

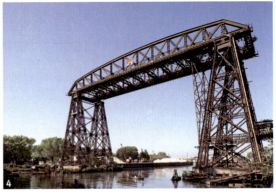

En Buenos Aires, el estilo colonial (aquí, el Cabildo, antiguo ayuntamiento [3]) alterna con la modernidad: un puente metálico del siglo XIX [4], los rascacielos del barrio de Retiro [2] y el puente de la Mujer, firmado por Calatrava [1].
[5] Los característicos autobuses de la ciudad.

Junto a imponentes edificios, como la Casa Rosada [6], sede y símbolo de la presidencia, que bordea uno de los lados de la famosa plaza de Mayo en Buenos Aires o el palacio de las Aguas [8], las terrazas del parque de la Recoleta [7] evocan las famosas «confiterías», cafés donde empiezan y terminan muchas tardes agradables.

[1], [2], [página de la derecha] y [doble página siguiente] En el barrio de la Boca, uno de los más pintorescos de Buenos Aires, frecuentado a partir del siglo XIX por marinos y estibadores llegados de Génova, las casas están pintadas de colores muy chillones. Originalmente estaban construidas en madera o chapa procedente de restos de naufragios y botes de pintura destinada a los barcos.

[1] y [2] En Ushuaia, la estación «del fin del mundo» hace honor a su nombre: de aquí sale el tren del mismo nombre que lleva hasta el Parque nacional de la Tierra del Fuego.
[3] Desde la bahía, vista de las cumbres nevadas de la cordillera de Hosta, una isla muy próxima situada al otro lado del canal de Beagle.

De Brasilia a Ushuaia

[4] y [5] Limitada por la cordillera y por el canal de Beagle, en la ciudad de Ushuaia aún se respira ese ambiente aventurero, pese a la expansión que vive desde hace algunas décadas.

En Manhattan, Nueva York, la estatua de la Libertad saluda a los turistas de camino a Ellis Island, la isla que acogió a los inmigrantes entre 1892 y 1954.

El Nuevo Mundo

Durante mucho tiempo, las grandes ciudades de América del Norte fascinaron a los habitantes del Viejo Mundo con sus rascacielos. Cada una de ellas, sin embargo, posee su propia personalidad, sin renegar por ello de sus lazos con el Viejo Continente.

¿Son esas inmensas extensiones de terreno, sin marcas ni límites, con infinidad de casitas individuales dispersas en un increíble y complicado sistema de autopistas, lo que tanto fascina a los visitantes de Los Ángeles? Por no hablar de las lentejuelas de Hollywood o el lujo que se respira en Beverly Hills, que encarnan la apoteosis del sueño americano. Y qué decir de ese otro sueño americano surgido de la nada, Las Vegas, donde la gente acude de todas partes para contraer matrimonio o entregarse al juego en los numerosos hoteles y casinos de la ciudad.

Junto a estos dos «monstruos» tenemos ciudades como Chicago, Nueva York, Washington y San Francisco, en Estados Unidos, y Quebec, en Canadá, en las que se respira un aire familiar que nos recuerda a la vieja Europa, aun cuando los rascacielos delatan su pertenencia a ultramar. Fue en Chicago, tras un incendio que en 1871 asoló la casi totalidad de la ciudad, donde ingenieros y arquitectos, haciendo uso de nuevas técnicas, crearon esos grandes rascacielos de armazón metálico, con patios de luces y un uso desmedido del cristal, que consiguieron imponerse en todas partes. La omnipresencia de estos *skyscrapers* no impidió que estas ciudades conservasen barrios y monumentos que aún recuerdan a las generaciones de inmigrantes que llegaron hasta aquí en busca de una nueva vida; es el caso de algunas comunidades del este de Europa que se asentaron en determinadas zonas del Upper East Side de Nueva York, por no hablar del pedacito de Italia en North Beach, en San Francisco, el trocito de Francia en la Place Royale de Quebec o el neoclasicismo europeo del casco histórico de Washington.

Wall Street, el corazón económico y financiero de Nueva York [1], se halla en Manhattan. Aquí se encuentran también los rascacielos más famosos, como el Empire State Building ([2] en el centro) y el Chrysler Building [4].
[3] El Flatiron Building.

El Nuevo Mundo

Es difícil perderse en Manhattan [6], con un trazado urbano en forma de damero, donde las calles están orientadas en dirección este-oeste y las avenidas en dirección norte-sur. Además, algunos de sus célebres rascacielos sirven como punto de referencia, tal es el caso del Time Warner Center en Columbus Circle [5].

3 [1], [2] y [3] Desde su creación a mediados del siglo XIX, Central Park constituye el auténtico pulmón de Manhattan, donde acude la gente a pasear, correr, leer o pasar el rato. En la 5ª Avenida está bordeado por algunos de los edificios más suntuosos de la ciudad: los de los Morgan, los Carnegie o los Vanderbilt.

[Página de la derecha] Otra circunscripción de Nueva York, Brooklyn, con sus alineaciones de casas idénticas hechas de piedra arenisca rojiza, la *brownstone*. Aquí, el barrio de Park Slope.

Pantallas gigantes, anuncios publicitarios luminosos, *music-halls*, teatros, salas de cine, grandes almacenes... Times Square [2], con su Theatre District [1], es probablemente el centro más animado de Nueva York, la «ciudad que nunca duerme», con sus omnipresentes taxis amarillos.

El Nuevo Mundo

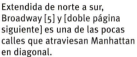

Extendida de norte a sur, Broadway [5] y [doble página siguiente] es una de las pocas calles que atraviesan Manhattan en diagonal.
[3] SoHo y sus famosos *iron buildings*.
[4] Harlem está experimentando una dinámica rehabilitación.

[1] De estilo neoclásico, el Capitolio, en Washington, alberga en una de sus alas el Senado y en la otra, la Cámara de representantes.

[2] Muy próximo se halla el Lincoln Memorial (aquí, la estatua monumental del presidente, de 6 metros de alto).

[3] La Casa Blanca, residencia oficial y despacho del presidente de los Estados Unidos.

El Nuevo Mundo

[4] y [5] También próximos se hallan el monumento a Washington, en forma de obelisco, y el Memorial de la Segunda Guerra Mundial.

Situada a orillas del lago Michigan [4], la ciudad de Chicago está atravesada por el río del mismo nombre [3]. La ciudad de los gángsters y de la prohibición sigue atrayendo a millones de visitantes por su fabulosa arquitectura de rascacielos [2].
[1] El distrito financiero de Chicago, el Loop, es el segundo más importante de Estados Unidos después de Manhattan.

[5] y [6] Entre los edificios más destacados de Magnificent Mile, en Chicago, se encuentra el Wrigley Building, sede de la empresa fabricante de chicles de esta marca, con su torre inspirada en la Giralda de Sevilla.

[1] Sobre el río Chicago se encuentra el puente móvil de Columbus Drive.
En Loop, el distrito financiero de Chicago, se elevan numerosas torres [2] y las vías del metro aéreo, más conocido con el nombre de L, que se ha convertido en uno de los emblemas de la ciudad [página de la derecha].

[1] En Chicago se localizan algunos de los edificios más altos del mundo, como la torre de Aon y el pabellón Pritzker de Frank Gehry.
[2] Otro edificio imprescindible, el John Hancock Center y sus terrazas.
[3] En el Jewelers' Building, un reloj coronado por la alegoría del tiempo, con la guadaña y el reloj de arena.

El Nuevo Mundo

Gigantescas esculturas adaptadas a las dimensiones de la arquitectura se han instalado en determinadas explanadas de la ciudad de Chicago: la *Cloud Gate*, rebautizada «la alubia gigante», de Anish Kapoor [4] y *El flamenco rosa* de Calder [5].

En Las Vegas, los hoteles cuentan con miles de habitaciones, como el New York-New York [1] y [3] (donde se reconocen el Empire State Building, el Chrysler Building y la estatua de la Libertad), el hotel Excalibur ([3] a la derecha) y la Strastosphere Tower [2], con un parque de atracciones en lo alto.

El Nuevo Mundo

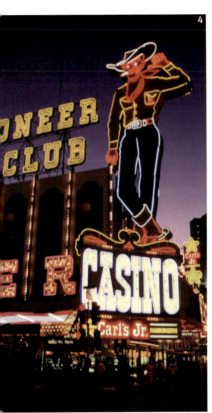

Muchos hoteles y casinos de Las Vegas están situados en el Strip, un bulevar de casi 7 kilómetros: el Venetian [5], con su red de canales y góndolas, y el París, con su réplica de la torre Eiffel [6] (165 m frente a los 324 m del original).
[4] Las luces de neón de Fremont Street.

Bosque inexpugnable de rascacielos vistos desde el cielo [2] o a ras de tierra [1]: a la izquierda, la famosa pirámide Transamérica, uno de los emblemas de la ciudad, en el distrito financiero de San Francisco.

[1] Edificio estrecho en una empinada calle en el barrio de Haight, San Francisco, corazón del movimiento *hippy* en la década de 1960.
[2] El Golden Gate se reconoce fácilmente por su color naranja y las dos torres de más de 200 metros.
[3] La Lombard Street de San Francisco está considerada como la calle más sinuosa de Estados Unidos.

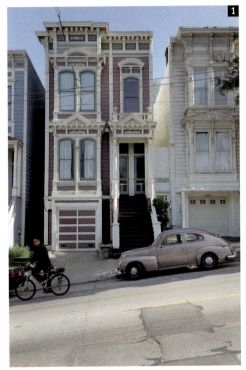

[1] Sobre un fondo de rascacielos destacan las Painted Ladies de Alamo Square, en San Francisco, una hilera de casas victorianas pintadas en color pastel junto al jardín del mismo nombre.
[2] Otro jardín, el Golden Gate Park, más grande que Central Park, y su jardín japonés.

El Nuevo Mundo

Otro símbolo de San Francisco, los tranvías *(cable cars)* [3] y [5] han estado a punto de desaparecer varias veces por sus elevados costes de mantenimiento. Sus pasajeros, principalmente turistas, pueden elegir entre tres líneas que recorren las colinas de la ciudad. Lo mismo ocurre con los trolebuses [4].

[3] Hollywood [1] y [2] atrae a un gran número de visitantes de Los Ángeles [3] por sus estudios de cine, las lujosas mansiones de sus estrellas y por ser sede de numerosas empresas cinematográficas.
[Página de la derecha] A 30 minutos del centro de Los Ángeles se encuentra Santa Mónica, con su playa y sus casas de colores.

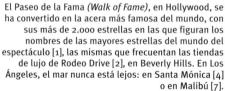

El Paseo de la Fama *(Walk of Fame)*, en Hollywood, se ha convertido en la acera más famosa del mundo, con sus más de 2.000 estrellas en las que figuran los nombres de las mayores estrellas del mundo del espectáculo [1], las mismas que frecuentan las tiendas de lujo de Rodeo Drive [2], en Beverly Hills. En Los Ángeles, el mar nunca está lejos: en Santa Mónica [4] o en Malibú [7].

El Nuevo Mundo

La ciudad de Los Ángeles [6] se extiende sobre una superficie de 1.300 kilómetros cuadrados y, aunque cuenta con un distrito financiero, Downtown, y sus correspondientes rascacielos [3] y [5], carece de un centro propiamente dicho.

Bajo la nieve, la ciudad de Quebec vista desde el río San Lorenzo helado [2] y el Château Frontenac, célebre hotel situado en el viejo Quebec [1], primero de una larga serie de hoteles estilo «castillo» construidos a partir de finales del siglo XIX.

El Nuevo Mundo

[3] En el viejo Quebec, el barrio Petit-Champlain y el Museo del Fuerte.
[4] La Place Royale con su busto de Luis XIV, en el corazón de la cuna de la civilización francesa en América.

La calle Petit-Champlain [4], nevada, que atraviesa el barrio del mismo nombre, en Quebec [1]. No muy lejos se encuentran la Place Royale [2] y la catedral anglicana Holy Trinity con el castillo Frontenac [3] al fondo.

El Nuevo Mundo

[5] Vista invernal de la avenida Saint-Denis en Quebec.
[6] Ambiente más primaveral en una terraza del centro de la ciudad.

Vista desde la plaza de Armas, en Cuzco, la iglesia de la Compañía, levantada por los jesuitas, la Compañía de Jesús, en el emplazamiento de un palacio inca.

La perdurable huella de los conquistadores

Entre los siglos XVI y XVIII, **España fundó en América más de mil ciudades, muchas de ellas organizadas según el modelo castellano: las calles se trazaban conforme a un trazado perpendicular y en el centro se situaba la plaza central, con distintos monumentos barrocos que venían a reafirmar el nuevo poder.**

El caso de México es único en la historia de la arquitectura colonial de América Latina. Se trata de una de las ciudades más grandes del mundo, ya que los españoles demolieron la antigua ciudad azteca para levantar sus edificios aprovechando las piedras de los antiguos templos. Fundada en el siglo XVI por los españoles, Veracruz ha conservado el encanto de esas ciudades coloniales reagrupadas en torno a su zócalo, la plaza principal, donde podemos disfrutar del ambiente en cualquiera de los cafés de los soportales, o en el Malecón, el paseo junto al mar. En el caso de La Habana, en Cuba, el Malecón es también un lugar emblemático. Desgastada por la sal y los huracanes, anacrónica con sus viejos Chevrolet, fue uno de los puertos más activos en tiempos de los conquistadores. Anclada desde hace medio siglo en eslóganes obsoletos que han arruinado sus espléndidas mansiones con columnas, sus palacios y sus iglesias barrocas, su decrepitud no le ha restado energía ni sensualidad.

La ciudad de Cuzco, en Perú, impresionó tanto a los colonos que éstos conservaron el trazado general de la ciudad y levantaron sus edificios cristianos sobre los cimientos de las construcciones incas, mezcla ésta que confiere a la ciudad un gran encanto. Acapulco y su espléndida bahía, en México, atrajeron en la década de 1950 a la *jet-set* americana pero tan desfigurada ha quedado su costa que aquel encanto pertenece ya al pasado...

Viejas calles coloniales [3] y plazas [1] confieren a Cuzco todo su encanto.
[2] La plaza central, la plaza de Armas, está rodeada casi totalmente por galerías porticadas.

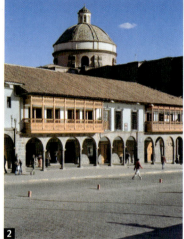

La perdurable huella de los conquistadores

De la catedral de Nuestra Señora de la Asunción, situada en la plaza de Armas [4], en Cuzco, sale una procesión en honor a la Virgen [6]. Fue construida en el siglo XVI con piedras de la fortaleza de Sacsayhuaman [5].

[Doble página siguiente] Un mar de tejados rodeado de montañas que se elevan a más de 4.000 m de altitud.

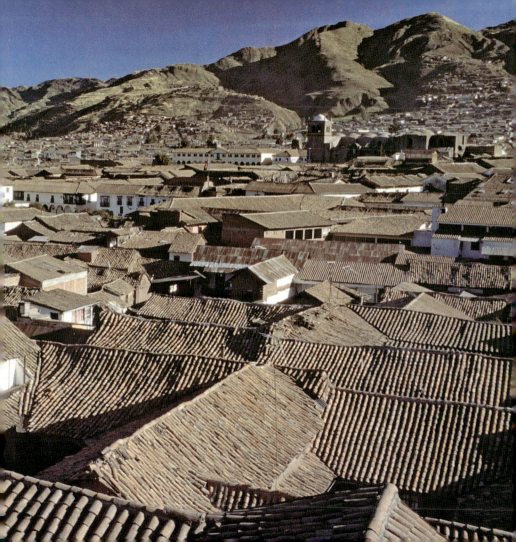

Rodeada por 12 km de murallas, la ciudad vieja de Cartagena de Indias conserva bellas fachadas barrocas [1] y casas con arcadas coloristas, principalmente en la plaza de los Coches, en otro tiempo mercado de esclavos, cerrada por un lado por la Puerta del Reloj [2].

La perdurable huella de los conquistadores

[3] y [4] Balcones labrados, fachadas pintadas, callejuelas coloristas, palacios e iglesias barrocas hacen de la antigua Cartagena de Indias una ciudad mágica que invita a pasear.

El Capitolio [2], el Museo de la Revolución [3] –antiguo palacio presidencial– y el palacio Pedroso [4] se cuentan entre los monumentos más emblemáticos de La Habana, al igual que la omnipresente figura de su héroe nacional, José Martí [1].

La perdurable huella de los conquistadores

Típicos de La Habana son también los cocotaxis [7] y los puros. Aquí, la fabrica de los habanos Romeo y Julieta [6], la primera marca que propuso el formato Churchill en homenaje al político inglés.
[5] El sorprendente callejón de Hamel, con muros pintados al estilo afrocubano.

[1] y [2] Abandonados durante mucho tiempo, los edificios de La Habana vieja, el casco histórico de la ciudad, incluido en el patrimonio de la UNESCO, vuelven a recuperar parte de su esplendor desde hace varias décadas.
[Página de la derecha] El Malecón, el paseo marítimo de La Habana, que bordea el Atlántico a lo largo de 5 kilómetros, es el lugar de encuentro de la capital.

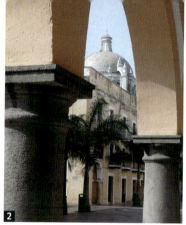

Aromas tropicales y ambiente festivo confieren su encanto al viejo puerto mexicano de Veracruz [1] y [3] y al Malecón, el paseo que se extiende a lo largo del puerto, protegido por la fortaleza de San Juan de Ulúa [2].

La perdurable huella de los conquistadores

[4] y [5] De un blanco deslumbrante, el faro y el elegante palacio Municipal del siglo XVII, situado en el Zócalo, la plaza principal de Veracruz. En los cafés de esta plaza, a la sombra de los soportales, queda la gente para beber mojitos (a base de ron y hojas de menta) y escuchar alguna vieja bamba.

Tradición y modernidad se dan cita en la gran ciudad de México [1]: danzantes aztecas delante de la catedral [2] y rascacielos a lo largo del paseo de la Reforma [3], la avenida más importante y cara de la ciudad.

La perdurable huella de los conquistadores

Construido en el siglo XVI en el emplazamiento del palacio de Moctezuma II, el palacio Nacional [5] está situado en el Zócalo [6], inmensa plaza en el corazón del centro histórico de México.
[4] Al sur de la ciudad se encuentra el campus de la Universidad Nacional Autónoma de México.

En el paseo de la Reforma, la larga avenida de la ciudad de México, se eleva la columna del Ángel de la Independencia, así como rascacielos relativamente modernos [2] y [página de la derecha]. Situado cerca del palacio de Bellas Artes [1] (principios del siglo XX), el parque de la Alameda alberga el monumento a Benito Juárez [3].

La bahía de Acapulco sigue siendo un lugar magnífico [1] y [3], aunque nada comparable a cuando era frecuentado por estrellas del cine como Liz Taylor o John Wayne. Escultura de Víctor Salmones [2].

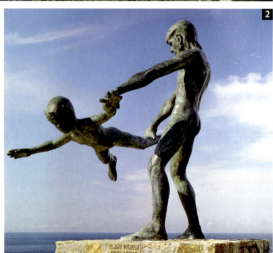

La perdurable huella de los conquistadores

Un espectáculo de emoción garantizada, que ya es tradición en Acapulco, es ver a los intrépidos «clavadistas» lanzarse al agua desde los acantilados de la Quebrada [4], a 38 metros de altura, varias veces al día y a horas fijas.
[5] Erigida en el Zócalo en 1930, la catedral muestra una original arquitectura.

Ciudades de Asia

Vista de Pudong, el ultramoderno distrito financiero de Shanghái.

Tradición y modernidad

Obras gigantescas, torres a cual más alta, centros de negocios en permanente efervescencia, pero también iglesias barrocas, construcciones victorianas, viviendas bajas con patios cuadrados típicamente chinas o viejas casas japonesas de madera...

En la actualidad, Macao, Hong Kong, Shanghái o Pekín son ciudades siempre en obras que ven alzarse en su suelo gigantescas torres. Sin embargo, aún conservan, a veces *in extremis*, algunos testimonios arquitectónicos de su pasado, de su historia. En Macao, plazas con arcadas, iglesias jesuitas de colores pastel y cementerios católicos recuerdan que la ciudad fue un importante enclave comercial portugués a partir de finales del siglo XVI. En Shanghái, el Bund alinea sus construcciones coloniales *art déco* de los años 1930 pero, como ocurre también en Pekín, ha logrado salvar de la época Mao (que pretendía acabar con todo lo antiguo) algunos barrios de casitas bajas adosadas, organizadas en torno a un patio interior y abiertas a un laberinto de callejuelas que rompen con el apilamiento vertical y anónimo de las torres de pisos.

En Japón, mezcla única de tradiciones milenarias y alta tecnología, una de las características de las megalópolis es el amontonamiento de sus espacios, por lo que no es raro pasar de una vieja casa de madera, un altar sintoísta o un templo budista con magnífico jardín zen, a una torre de cristal de varias decenas de pisos o a una estación tan controvertida como la de Kioto.

Aunque Lhasa, capital del Tíbet, es objeto en la actualidad de una campaña china de construcciones que tiende desfigurarla, sigue siendo un símbolo de la cultura tibetana, como lo atestiguan los cientos de personas que acuden a arrodillarse delante del templo de Jokhang...

3 [1], [2] y [3] Auténtico museo de arquitectura contemporánea, el centro de la ciudad de Shanghái transmite una desconcertante impresión de modernidad.

Tradición y modernidad

El puente en zigzag de las Nueve Curvas [4] es tan impresionante como el Lupu Bridge [5], de casi 4 kilómetros de longitud, auténtico desafío a las leyes de la física, con un único arco de 500 metros de luz. [6] En Nanshi, el barrio de la ciudad vieja de Shanghái que presenta el aspecto de una ciudad china del siglo XIX, el City God Temple.

[1] y [2] El jardín Yu, en la ciudad vieja de Shanghái, ofrece este aspecto, con estanques, puentes y pabellones de techos apuntados y revestimientos de madera roja.

Tradición y modernidad

[3] En la zona del Bund (Shanghái), con un fondo de rascacielos, varias personas practican ejercicios milenarios para mejorar su salud.
[4] La tradicional Fiesta de las Linternas en el City God Temple.

Vista del palacio del emperador Qianlong, en la Ciudad Prohibida, y puerta de la Paz Celestial [1], que da nombre a la plaza Tian'anmen [2]. [3] El templo de Yonghegong, la mayor lamasería de Pekín, de finales del siglo XVII.

Tradición y modernidad

[1] El Estadio Nacional, conocido como «nido de pájaro», se construyó para los juegos olímpicos de Pekín de 2008.
[2] La arquitectura vanguardista del CBD, el Central Business District, contrasta con el Pekín tradicional.

[1] Las diferentes figuras de cerámica esmaltada que se encuentran en los tejados de la Ciudad Prohibida (Pekín) tenían la finalidad de impedir la entrada a los espíritus malignos.

[2] El barco de mármol del palacio de Verano, lugar de veraneo imperial a las puertas de la ciudad.

[Página de la derecha] En el templo del Cielo, una arquitectura redonda cubierta de tejas azules, que simbolizan el cielo, caracteriza la sala de plegarias por la cosecha.

En Pekín, bicicletas y *rickshaws* son medios de transporte omnipresentes en las calles [1].
[3] Casa de té en la calle de los Anticuarios.
[2] y [4] Templos, puentes y suntuosos jardines caracterizan el palacio de Verano. Aquí, el puente de los Diecisiete Arcos.

Creencias y prácticas religiosas han resistido a varias décadas de comunismo en Pekín: templo budista tibetano de Yonghe [5] e iglesia católica de San José [6].

[7] Jiankou, la parte más espectacular de la Gran Muralla, con sus crestas escarpadas y sus vertiginosas escaleras.

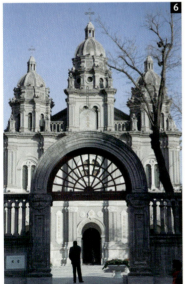

Dos vistas diferentes de Hong Kong: moderna arquitectura de rascacielos en el barrio de Wanchai [3] y animada calle comercial (Mong Kok) en Kowloon [1]. [2] Restaurantes flotantes en el puerto de Aberdeen, al sur de la isla de Hong Kong. [Página de la derecha] Junco, embarcación tradicional, sobre un fondo de rascacielos; la ciudad cuenta con más de 7.000 edificios de este tipo.

[1] El moderno Kowloon Walled City Park de Hong Kong alberga jardines y pabellones; aquí, el pabellón chino.
Los tranvías llegan hasta los distintos centros financieros, como el Central, en la isla Victoria [3] y el Two International Finance Centre [2], diseñado por César Pelli, cuyos 415 metros hacen de él uno de los rascacielos más altos del mundo.

Tradición y modernidad

Torres y más torres en Hong Kong: la torre del Bank of China, obra de Pei, el arquitecto de la pirámide del Louvre [4]; una mezcla de arquitectura moderna y tradicional [5]; y un jardín inspirado en los jardines tradicionales de la época Tang, el jardín de Nan Lian, en Kowloon [6].

Un mundo radicalmente diferente: los nuevos casinos [1] del centro de la ciudad de Macao, con animadas calles comerciales [2] y [5].

Tradición y modernidad

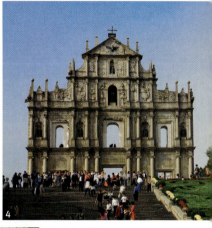

Vestigios de los cuatro siglos de dominación portuguesa en Macao: los vistosos balcones de la antigua ciudad colonial [3] y la fachada admirablemente esculpida de la iglesia en ruinas de San Pablo [4], levantada por los jesuitas a finales del siglo XVI, en aquella época la mayor iglesia católica de Asia.

[Página de la derecha] El monte Fuji es visible desde las poblaciones cercanas, incluso desde Tokio en un día despejado. Dos vistas de la ciudad: las murallas del palacio Imperial [1] y, en el barrio de Asakusa, particularmente rico en edificios religiosos, la Nakamise Dori [2], calle comercial muy turística.

Tokio posee una gran diversidad de torres: la torre Tower, de aluminio blanco y cristal azul, diseñada por Tange [1] y la torre de Tokio [2] y [4], una especie de torre Eiffel algo más alta y pintada en rojo y blanco. [3] El distrito financiero de Shinjuku.

Tradición y modernidad

[5] Rainbow Bridge, en la bahía de Tokio. Tres aspectos muy diferentes de Tokio: la moderna calle comercial de Ginza [6], una vivienda modesta más tradicional en Shinjuku [7] y el tranquilo parque de Ueno, famoso por sus numerosos museos [8].

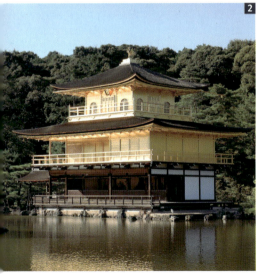

Con sus 2.000 templos, sus palacios, sus jardines zen y su arquitectura, Kioto es el centro cultural de Japón. La avenida de las Linternas, hechas de piedra, lleva hasta el templo sintoísta de Kasuga Taisha [1]. El templo Kinkakuji, o templo del Pabellón Dorado [2], está reconstruido exactamente igual a como estaba antes de sufrir un incendio en 1950, como cuenta Mishima en *El Pabellón de oro*.

Tradición y modernidad

[3] y [4] El templo budista Kiyomizudera, en Kioto.
[5] En el antiguo barrio de Gion las casas de madera nos permiten hacernos una idea de cómo era la ciudad en el periodo Edo.

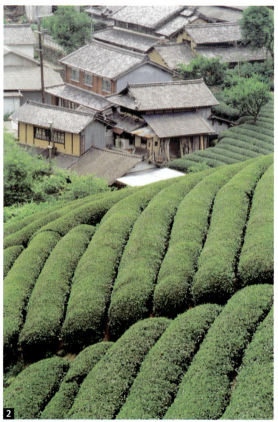

[1] Templo sintoísta de Hachimangu, en Nara.
[2] Exuberante cultivo en hileras de la planta del té.

Tradición y modernidad

Dos templos de Nara: el Horyu-ji [3], algunos de cuyos edificios están considerados como las construcciones de madera más antiguas del mundo, y el Todai-ji, el más ambicioso complejo religioso construido en los primeros siglos del budismo en Japón [4].

[2] y [4] El monasterio tibetano de Jokhang, en Lhasa, una de las ciudades más altas del mundo (3.650 metros). Al fondo, la cadena montañosa, con picos de 5.000 metros.

Tradición y modernidad

El monasterio de Jokhang [3] y [5] y el palacio de Potala [1], en Lhasa, han tenido una importancia relevante en la historia del budismo y su proyección al resto del mundo.

En uno de los *ghats* de Benarés, un hombre realiza una «puja», ceremonia ritual que consiste en ofrecer flores, arroz, fruta o incienso a los dioses.

Camiones multicolores, automóviles, carretas, ruidosos mototaxis, bicicletas, carros de bueyes, *rickshaws*... confieren a las ciudades del subcontinente indio un ambiente exótico, siempre sorprendente, que da vida a un rico patrimonio arquitectónico.

En la India, muchas ciudades de Rajastán, a las que habría que añadir Delhi y Lahore, en Pakistán, estuvieron profundamente marcadas por el reinado de los grandes soberanos mogoles, bien por haber sido elegidas como capitales o bien porque sus príncipes, desde la protección de sus murallas y fastuosos palacios, tuvieron que luchar contra estos poderosos emperadores. Calcuta, ciudad de contrastes, turbulenta y espectacular, se hizo célebre por la desinteresada labor de la madre Teresa, pero merece la pena detenerse en su arquitectura, de inspiración europea y sobre todo victoriana. Lo mismo ocurre con Bombay, patria de Bollywood y megalópolis india, la más poblada y dinámica, como lo confirman los rascacielos de la península de Colaba.

Benarés, una de las siete ciudades sagradas del hinduismo, situada a orillas del río Ganges, atrae diariamente a multitud de peregrinos a los *ghats*, nombre que reciben las escaleras de piedra que descienden hasta el río; allí es donde se reúnen los brahmanes para bendecir a los fieles, los yoguis abstraídos en sus meditaciones y los familiares que acuden para rendir a sus difuntos el último homenaje de la incineración ritual.

Pondichery es una pequeña ciudad india que lleva el sello inconfundible de la herencia colonial francesa. Conserva por un lado la parte francesa, donde es posible ver la estatua de Juana de Arco, y por otro la siempre caótica y

Ciudades llenas de color

sorprendente amalgama local, ambas separadas por un canal.

Por último, en Nepal, pese a un galopante proceso de urbanización, el centro histórico de Katmandú continúa fascinando a los hijos y nietos de aquellos *hippies* que en los años 1960 encontraron en este lugar su paraíso en la tierra.

Capital política y religiosa de Nepal, Katmandú alberga en su casco antiguo [3] numerosos palacios y templos budistas e hinduistas.
[1] Ceremonia de incineración en el puerto del río Bagmati, ante el templo Pashupatinath.
[2] El lago artificial de Rani Pokhari (estanque de la reina) y la torre del Reloj.

Ciudades llenas de color

El templo Maju Deval [4] dedicado a Shiva y el templo de Krishna Mandir [5] en Katmandú.

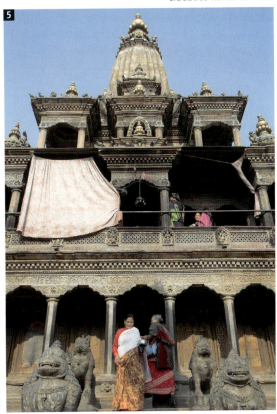
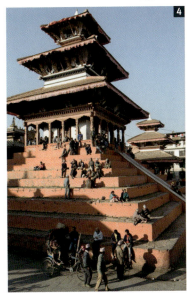

[1] En el casco antiguo de Katmandú, un *sadhu* (en sánscrito « hombre santo ») vive de las limosnas que recibe.
[2] Mujer vendiendo fruta.
[3] y [página de la derecha] El templo de Pashupatinath, dedicado a *Shiva*, es uno de los lugares más sagrados de Nepal, al que acuden diariamente peregrinos y *sadhus*. El templo y los lugares de incineración son lugares prohibidos para los no hinduistas.

Bombay, capital económica de la India, alberga barrios populares [2] y joyas arquitectónicas inspiradas en estilos europeos: estilo gótico en el caso de la universidad [1] y [7], victoriano en la estación de Victoria Terminus [6] y en el mítico hotel *Taj Mahal* [3], cuyo libro de oro asegura que en él se hospedaron Nehru, Gandhi, Aldous Huxley y Duke Ellington.

Ciudades llenas de color

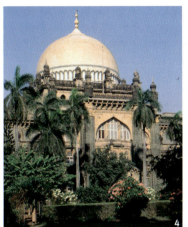

El museo Prince of Wales de Bombay es uno de los más grandes de la India [4]. A lo largo del mar de Omán, el paseo de Marine Drive atrae a gran número de paseantes [5].

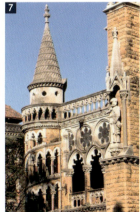

En la India, los *dhobi* son los miembros de la casta inferior de los lavanderos: son varios miles los trabajadores de las lavanderías de Mahalaxmi [página de la derecha] que trabajan apiñados, con los pies en el agua durante horas, frotando montañas de ropa sucia en las más de mil pozas de piedra al aire libre.
Niños en la playa [2] y taxi delante del hotel *Taj Mahal* [1].

Calcuta es una ciudad asfixiada por la circulación y la población en sus calles atestadas [1] y [doble página siguiente] y en sus puentes: el puente de Howrah [3] es uno de los más frecuentados del mundo, tanto por el tráfico rodado como por los peatones.

Ciudades llenas de color

Junto a edificios imponentes, como los de la Jawaharial Nehru Road [6] o el Victoria Memorial [5], Calcuta ofrece algunos aspectos de su vida cotidiana en espacios más modestos, como el New Market [2] o un mercado de flores [4].

[1] En Delhi, el templo Laxmi Narayan.

[2] La gran mezquita Jama Masjid, flanqueada por sus dos altos minaretes y sus tres cúpulas bulbosas de mármol blanco con estrías de mármol negro.

[3] Avenida Rajpath, el distrito administrativo.

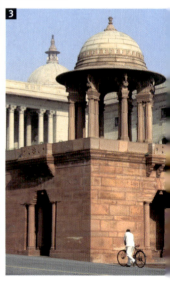

Ciudades llenas de color

En Delhi, mausoleo de Isa Khan [4], jefe de la resistencia local contra los mogoles en el siglo XVI, y el impresionante templo del Loto dedicado al bahaísmo [5].

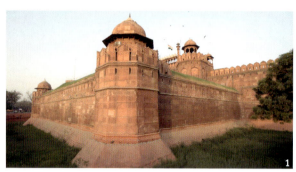

Delhi se convirtió en capital en el siglo XVII por voluntad del emperador mogol Shah Vahan, que hizo construir el fuerte Rojo [1]. Este alberga numerosos monumentos, como el Diwan-i-Khas, la sala de audiencias privadas [3].
[2] y [4] Mezquita Jama Masjid.

Ciudades llenas de color

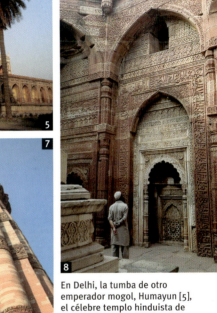

En Delhi, la tumba de otro emperador mogol, Humayun [5], el célebre templo hinduista de Laxminarayan [6] y el Qutb Minar [7] y [8], «torre de la victoria», un minarete indio de arenisca roja adornado con motivos geométricos y versos caligrafiados del Corán.

[1] y [3] A Jodhpur se la conoce como la «ciudad azul» por las muchas casas pintadas de este color. El azul indica que originalmente pertenecían a brahmanes, además de proteger del calor y los mosquitos.
[2] Situada en Rajastán, la ciudad de Jodhpur está rodeada por una muralla con siete puertas que se remonta a mediados del siglo XVI.
[Página de la derecha] La ciudad está dominada por el fuerte de Mehrangarh y el mausoleo de mármol blanco de Jaswant Thanda, donde fue incinerado el marajá del mismo nombre a finales del siglo XIX.

[1] El fuerte de Mehrangarh domina el casco antiguo de Jodhpur desde lo alto de sus 135 metros. Construido en el siglo XV, fue durante siglos sede del poder rajput en la región.
[2] En la ciudad, la torre del Reloj.

Ciudades llenas de color

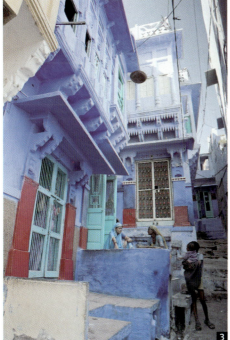

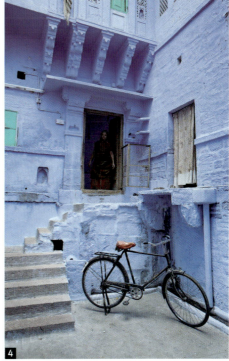

[3] y [4] En sus callejuelas tortuosas, el casco antiguo de Jodhpur alberga decenas de pequeños patios rodeados de casas predominantemente azules.

[1] y [página de la derecha] El azul es el color omnipresente en paredes, techos y arcadas polilobuladas.
[2] Merece la pena pasear por las callejuelas de Jodhpur, ciudad con un rico patrimonio histórico y cultural.

[2] y [4] Jaipur, la capital de Rajastán, estaba protegida por el fuerte Amber, una auténtica ciudad situada a unos diez kilómetros de allí, en el flanco de la montaña.

Ciudades llenas de color

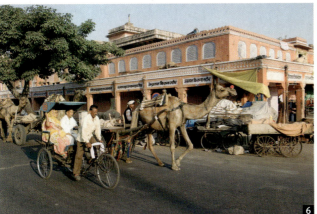

En el mismo Jaipur, el City Palace está formado por una sucesión de patios y palacetes [3] y [5], entre los que se halla el famoso «palacio de los Vientos» [1], inmensa fachada de arenisca rosa adornada con ventanas en saledizo que permitían a las mujeres contemplar la calle sin ser vistas.
[6] La ciudad vieja no carece de encanto.

En Jaipur, elefantes bañándose [1] o desfilando [2], adornados, ante el «palacio de los Vientos»

Ciudades llenas de color

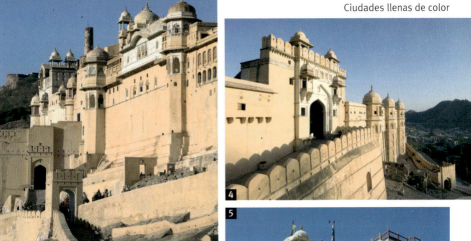

El fuerte de Amber [3] y [4] y el City Palace [5] de Jaipur, ocupado por el marajá y su familia.

Fuerte Rojo de Agra [3]. Su arquitectura de mármol blanco puede verse en la sala de audiencias privadas [página de la derecha]. [1] y [2] Mausoleo erigido por Shah Vahan para su esposa. Vemos el refinamiento de la corte de los mogoles en el siglo XVII.

La iglesia del Sagrado Corazón [1] y la estatua de Juana de Arco [2] en Pondichery [3] (India), junto al golfo de Bengala, dan fe de la prolongada presencia francesa en la zona.

Ciudades llenas de color

Este portal de entrada a una escuela [4] y el consulado francés [5] evocan los sueños de una India francesa a partir del reinado de Luis XV.

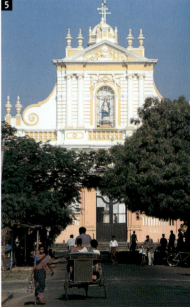

[1] Uno de los templos de Ranakpur, cerca de Udaipur.
[2] y [5] El City Palace de Udaipur, junto al lago Pichola, creado en el siglo XVI y que desde entonces no ha dejado de crecer, alberga un laberinto de palacios.

Ciudades llenas de color

[4] En el City Palace de Udaipur se halla uno de los mayores templos del norte de la India dedicados a Vishnú, el templo de Jagdish.
[3] A unos 2 kilómetros de la ciudad, en Ahar, se contabilizan hasta 250 tumbas de marajás.

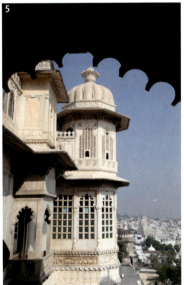

[1] y [2] Rodeada por varios lagos, uno de ellos el Pichola, la ciudad de Udaipur ofrece magníficos *ghats* (escalinatas que llegan al agua).

Ciudades llenas de color

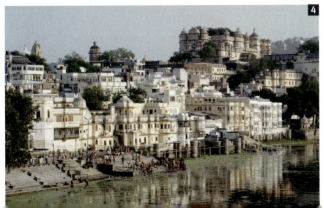

[3] Algunos de estos *ghats*, como el de Naoghat, están rodeados de suntuosos palacios.
[4] En último plano, el City Palace.

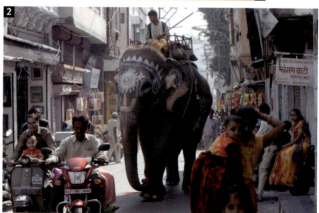

[1] En Udaipur, una embarcación tradicional en el lago Pichola.
[2] En las calles de la ciudad vieja, un elefante conducido por su guía (cornaca).

Ciudades llenas de color

[3] Elefante de piedra del templo de Jagdish en Udaipur, con profusa decoración esculpida y ubicado desde el siglo XVII en lo alto de la ciudad.
[4] y [5] Casas blancas adornadas con motivos geométricos o figurativos naifs, personajes y tigres.

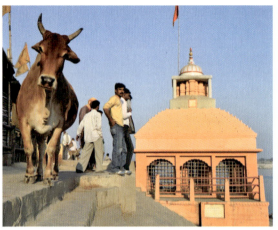

Ciudad santa orientada al Ganges, río sagrado de los hindúes, Benarés cuenta con un centenar de *ghats*, que se emplean tanto para las abluciones o baños rituales como para las incineraciones. Algunos ascetas o santones acuden a ellos para practicar el yoga o diversas formas de meditación. Bañarse en las aguas del Ganges supone limpiarse de todos los pecados.

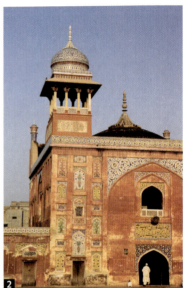

[1], [2] y [3] En Lahore, Pakistán, la mezquita Badshahi (siglo XVII), una de las más grandes del mundo, da fe del apogeo de la ciudad durante el imperio mogol.

Ciudades llenas de color

[4] El Minar-e-Pakistan, gran minarete del siglo XX, atrae a muchos visitantes, pues se construyó donde los musulmanes recibieron la promesa de una futura nación pakistaní.
[5] y [6] En las calles de Lahore, cualquier medio de locomoción es bueno.

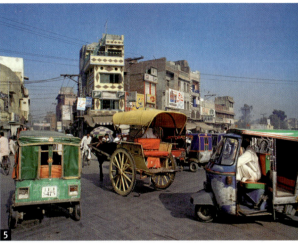

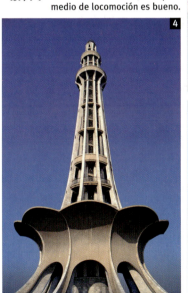

Itchan Kala, protegida por altas murallas de arcilla, es la «ciudad interior» de la ciudad de Jiva (Uzbekistán), última etapa de los caravaneros antes de atravesar el desierto con destino a Irán.

En el cruce de las civilizaciones rusa, china y musulmana, se levantan las ciudades míticas de Uzbekistán e Irán, herederas de una historia épica. Pese a los sobresaltos de la historia, han conservado el incomparable brillo de sus edificios de mosaico.

Temible guerrero que rindió a sus pies una parte del mundo, a la vez que príncipe preocupado por la belleza, Tamerlán, el célebre conquistador mongol del siglo XIV, decidió hacer de Samarcanda, en Uzbekistán, la capital de su imperio, «la cara más bella que la tierra hay mostrado nunca al sol». Mezquitas, madrasas, mausoleos, necrópolis y caravasares rematadas con cúpulas esmaltadas se cubren entonces con una fastuosa decoración de cerámicas que ofrecen infinidad de motivos vegetales y geométricos en una extravagante gama de azules. Los grandes frisos epigráficos de la base de las cúpulas o de los muros se entrelazan con motivos caligráficos que celebran la grandeza de Tamerlán y de sus descendientes pero, sobre todo, la gloria de Alá y su profeta. Un ejemplo lo encontramos en una de las plazas más bellas del mundo, la de Registán, en Samarcanda, donde se alzan tres suntuosas madrasas dispuestas en U. Más al oeste, haciendo gala de similares tesoros arquitectónicos, las siluetas de Jiva, al abrigo de sus murallas de arcilla secada al sol, y de Bujara, que parecen salir directamente de las *Mil y una noches*.

En las estepas de Asia central

Al suroeste de Uzbekistán, en Irán, Ispahán es la obra de un solo hombre, Abbas I el Grande, cuando a finales del siglo XVI decidió elevar la ciudad al rango de capital. La delicada loza azul de los edificios religiosos, el gran bazar, los majestuosos puentes y las casas de té siguen haciendo de ella una joya de la antigua Persia.

Tras los muros de arcilla de Jiva [5] se levantan numerosas construcciones de ladrillo con frisos de cerámica que muestran toda la gama de azules, desde el turquesa hasta el azul más profundo [1].

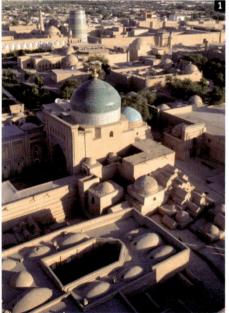

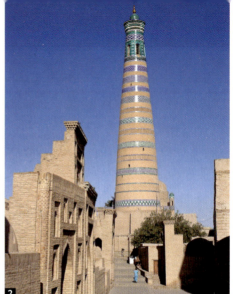

En las estepas de Asia central

[2] En Jiva, el minarete de Islam Khodja.
[3] El Kalta Minor (el minarete corto).
[4] La madrasa Rakhim Khan.

Otro tesoro perdido en Asia central, Bujara, donde la arquitectura es comparable a la de Jiva: Chor Minor [1], extraño edificio que constituye la imponente entrada de una madrasa en ruinas y la madrasa Mir-i-Arab, con el minarete Kalan a la derecha [2] y [3].

[4] Entrada a la ciudadela, antigua residencia de los emires de Bujara.
[5] Mausoleo Bakhaouddhin Nakhchbandi.
[6] Restos de la muralla con una puerta reconstruida.

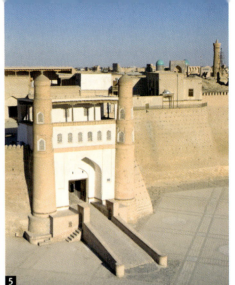

Una de las plazas más bellas del mundo se halla en Samarcanda, ciudad situada, como Bujara, en la Ruta de la Seda [1]. Se trata de la plaza de Registán [2], con dos madrasas una frente a otra y, al fondo, una mezquita. Cúpulas de azulejo vidriado, pórticos esculpidos, mosaicos policromados predominantemente azules: la necrópolis de Chah i-Zindah [página de la derecha] concentra toda la belleza del arte de época timúrida, surgido bajo el reinado de Tamerlán, que descansa bajo la cúpula de aristas de Gur-i-mir [3].

[1] Surgida de las tradiciones islámica y persa, Ispahán fue la capital de los safávidas en el siglo XVII.

[2] Joya arquitectónica de la ciudad, la Meydan-e Chah es una de las plazas más bellas del mundo.

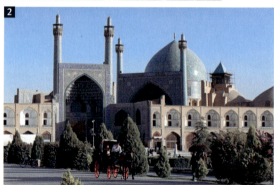

En las estepas de Asia central

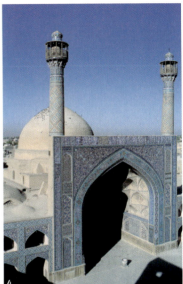

[3] y [4] La Meydan-e Chah está flanqueada por dos mezquitas con esbeltos minaretes, monumentales pórticos y cúpulas donde cada centímetro cuadrado está adornado con almocárabes de motivos florales y geométricos.

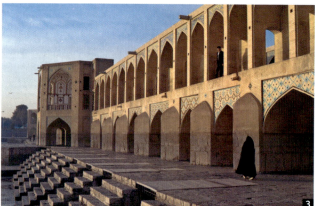

[1] La mezquita del Viernes en Ispahán.
[2] La cúpula marrón y dorada, y la fachada azul de la mezquita de Sheik Lotfollah dejan sin aliento.
[3] Con dos niveles de arcadas y dos pabellones centrales, el puente Khaju es un modelo de armonía.

En las estepas de Asia central

[4] Un primerísimo plano de la madrasa de Chahar Bagh, en Ispahán.
[5] Las galerías comerciales de la plaza de Imán.
[6] Más reciente, el mausoleo de Shah Reza.

El impresionante edificio que alberga el hotel *Burj al-Arab*, en Dubái.

Ciudades de Oriente Próximo

Ciudades santas veneradas por generaciones y generaciones de creyentes, metrópolis futuristas surgidas de la nada como por arte de magia, ciudades antiguas modeladas por las distintas civilizaciones... ciudades de contrastes.

Al igual que La Meca (Arabia Saudí), la ciudad más sagrada del islam, Jerusalén (Israel), «capital de la eternidad», permanece fuera del tiempo: caminar por el monte de los Olivos o por el casco antiguo, tras la impresionante muralla levantada por Saladino, es como pasear por los textos sagrados y por la dolorosa historia de las tres religiones monoteístas que la consideran suya. No lejos de allí, en Siria, se alzan Damasco y Alepo, levantadas sobre ciudades antiguas y que cuentan con mezquitas, madrasas, hospitales, palacios y zocos donde el olor a especias y perfumes lo invade todo. Un poco más al norte, a caballo entre Asia y Europa, se halla Estambul (Turquía), que conserva la huella de los tres imperios (romano, bizantino y otomano): una basílica considerada una de las joyas del cristianismo, algunas de las mezquitas más bellas del mundo, suntuosos palacios de mármol y caravasares otomanos, laberínticas cuevas de Alí Babá. Uno de los tesoros de Yemen son las ciudades de Sanaa y Shibam, con numerosas mezquitas que elevan sus minaretes por encima de las casas-torre construidas con seculares métodos tradicionales y que justifican sus respectivos sobrenombres de «Perla del desierto» y «Manhattan del desierto».

Las ciudades de Abu Dhabi y Dubái (Emiratos Árabes Unidos), con una clara proyección de futuro, ofrecen una maraña de rascacielos y una muestra de arquitectura futurista que parece desproporcionada. La torre Burj Khalifa, inaugurada en 2010, es la torre más alta del mundo (tiene más de ciento sesenta plantas y mide 828 metros, casi tres veces la altura de la torre Eiffel) y en su construcción, que duró ocho años, participaron 12.000 obreros.

El derroche de arquitectura futurista que exhibe Dubái demuestra su gran dinamismo comercial: el hotel Jumeira Beach [1], los rascacielos de la Cheik Zayed Road [2] y Palm Island, una isla artificial en forma de palmera construida sobre el mar [3].

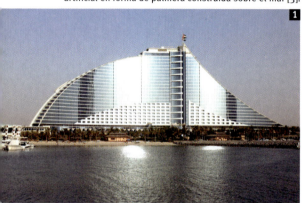

Ciudades de Oriente Próximo

[5] Dubái no sólo se ha propuesto superar a Hong Kong en materia financiera, sino que también ambiciona deslumbrar al mundo entero con su audacia arquitectónica: las Emirates Towers [4] y la Burj Dubai [6], la torre más alta del mundo en el momento de su construcción.

[1] Dos torres gemelas en el centro financiero de Dubái, la «Hong Kong de Oriente Próximo».

Ciudades de Oriente Próximo

La vista aérea de Dubái [2], el hotel Royal Mirage [3] y la Dubai Creek [4] confirman que la ciudad estuvo en obras durante varias décadas, justo hasta que la crisis financiera, en el verano de 2007, vino a calmar los ánimos.

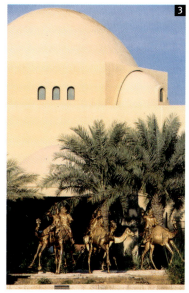

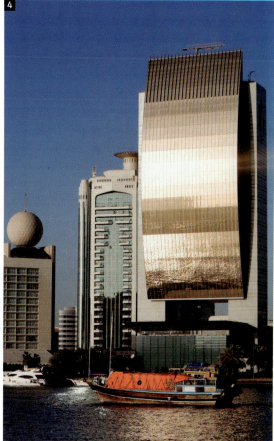

[1] a [5] Ciudad insular separada de la costa por una estrecha laguna, Abu Dhabi es una explosión de arquitectura contemporánea donde también encontramos motivos tradicionales, como estas torres semejantes a minaretes, por ejemplo.

Ciudades de Oriente Próximo

[Doble página siguiente] Todas las mezquitas del mundo están orientadas hacia La Meca, donde cada año acuden 2 millones de peregrinos y hacia donde rezan cinco veces al día los musulmanes.

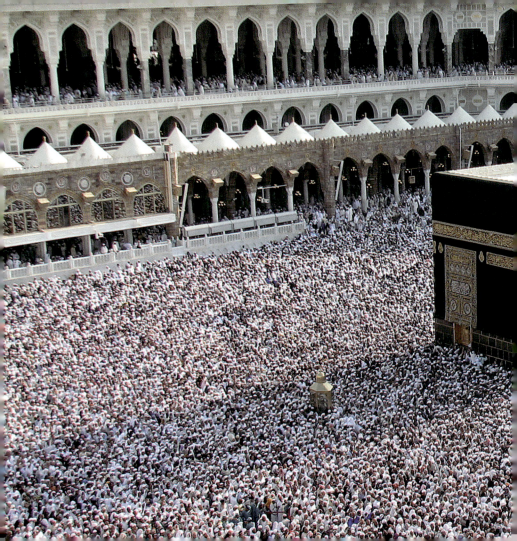

Jerusalén, ciudad reivindicada por las tres religiones monoteístas. En sus murallas se abren varias puertas, como la de Damasco [3].
La Cúpula de la Roca [1] y [2] y, al pie, el Muro de las Lamentaciones [2].

Ciudades de Oriente Próximo

Dos monumentos cristianos: el Santo Sepulcro [1], el lugar donde se supone que se halla la tumba de Cristo, y la iglesia rusa de Santa María Magdalena [2].
[3] Dominando la ciudad, la ciudadela, donde se han ido superponiendo sucesivas fortificaciones a lo largo de más de veinte siglos.

[1] En el barrio judío del casco antiguo de Jerusalén se encuentra la sinagoga de Ramban.
[3] En la ladera occidental del monte de los Olivos se halla el valle de Cedrón y sus tumbas.
[2] y [página de la derecha] La explanada de las mezquitas y la Cúpula de la Roca, en el corazón del viejo Jerusalén.

Vista aérea de la ciudad de Damasco, en Siria [2], y su obra maestra: la mezquita de los Omeyas [1].

Ciudades de Oriente Próximo

La mezquita de los Omeyas, en Damasco, es una de las más veneradas del islam. Construida a principios del siglo VIII, las influencias bizantinas de la arquitectura y la decoración se entremezclan con las exigencias del culto musulmán y con ciertos temas de inspiración oriental. Los mosaicos que se conservan son un pálido reflejo de la belleza que en otros tiempos presentaban los pórticos que rodean el patio.

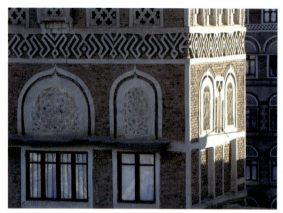

El casco antiguo de Sanaa, en Yemen, auténtico museo al aire libre, ha sabido conservar casi intactos sus varios miles de casas-torre.

Ciudades de Oriente Próximo

Al encanto de las casas tradicionales de Sanaa, con sus frisos geométricos blancos, sus ventanas decoradas y sus mocárabes, hay que añadir el color y los olores de sus zocos.

Rodeada de una muralla de tierra, la ciudad de Shibam, en el sur de Yemen, presenta un conjunto compacto de varios cientos de pequeños rascacielos de cinco a siete plantas, que le han valido el merecido sobrenombre de «Manhattan del desierto».

Ciudades de Oriente Próximo

En Shibam, para que los techos de todos los edificios estén al mismo nivel, el número de plantas varía en función de la altura del cerro en el que se asienta cada casa.

Cúpulas y minaretes dominan la ciudad de Estambul: Santa Sofía [1], antigua basílica cristiana convertida en mezquita en el siglo xv y más tarde en museo, y la mezquita de Solimán el Magnífico [2], diseñada por el gran arquitecto Sinan un siglo después.
[Página de la derecha] La estación de Haydarpasa Istasyonu, de estilo neoclásico, data de principios del siglo xx.

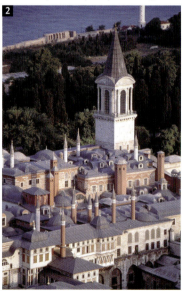

La mayor parte de los tesoros arquitectónicos de Estambul se localizan en el Bósforo: la mezquita de Ortakoy [1]; el palacio de Dolmabahce, última residencia del sultán [2]; las casas de madera pintada del barrio de Arnavutkoy, donde se puede degustar un rico pescado [3]; el palacio otomano de Ciragan [4], reconvertido en hotel de lujo.

Ciudades de Oriente Próximo

Estambul: la mezquita Azul [5], de principios del siglo XVII, cuyos altos y estrechos minaretes destacan tras el obelisco [6]. [7] Santa Sofía.

El templo budista Wat Arun, en la margen derecha del río Chao Phraya, en Bangkok (Tailandia).

En las antípodas de la vieja Europa

En el sureste de Asia, una ciudad-museo, Angkor, sepultada durante siglos bajo una exuberante vegetación, y tres ciudades divididas entre modernidad y tradición... En Australia, dos ciudades con dos siglos de antigüedad que miran hacia el futuro.

La ciudad de Angkor, en Camboya, fue la mayor ciudad medieval del mundo. En una superficie equivalente a diez veces la ciudad de París, los reyes de la brillante civilización jemer hicieron construir suntuosos edificios cuyas ruinas, abandonadas durante mucho tiempo, hubieron de ser rescatadas de una exuberante vegetación. Auténtico símbolo nacional, está presente en la bandera del país y ha dado nombre a una cerveza local. Kuala Lumpur, en Malasia, y Singapur, combinan los rascacielos con los tradicionales barrios chino, indio, malayo e inglés, herencia de su pasado reciente. Fue la «fiebre del estaño», a mediados del siglo XIX, la que dio origen a Kuala Lumpur (literalmente significa «confluencia fangosa»), mientras que Singapur inició su despegue cuando fue adquirida por los británicos a comienzos de ese mismo siglo. En cuanto a Bangkok, capital de Tailandia, la Venecia de Oriente que vivía a orillas de los canales, apuesta desde hace tiempo por las líneas verticales, si bien aún muestra las siluetas de los templos y del palacio Real, las casas de teca de principios del siglo XX, los antiguos barrios de casas de madera sobre pilotes y los bulliciosos mercados...

En Melbourne y en Sídney, en Australia, los edificios del siglo XIX se entremezclan con torres gigantes de cristal, aluminio y hormigón, a menudo de gran belleza. En Sídney, la Ópera, edificio de formas atrevidas que tantos ríos de tinta hizo correr, y el Harbour Bridge, que cruza la magnífica bahía, se han convertido en emblemas de la ciudad.

En Kuala Lumpur (que significa «confluencia fangosa», por los dos ríos que atraviesan la ciudad) se combinan tradición y modernidad. La mezquita del Viernes, construida en el mismo lugar en el que desembarcaron por primera vez los fundadores de la futura capital malaya [1], y el palacio del sultán Abdul Samad en Merdeka Square [2] y [3].

En las antípodas de la vieja Europa

La modernidad de Kuala Lumpur llama particularmente la atención en el Golden Triangle, distrito de edificios ultramodernos, entre los que destacan las famosas torres gemelas Petronas, diseñadas por Pelli y unidas por una pasarela de acero.

En Bangkok, capital de Tailandia, uno puede desplazarse en *tuk-tuk* [3] o en una embarcación tradicional [1] a lo largo de los canales *(klongs)*. La arquitectura tai encuentra su más bella expresión en los cerca de cuatrocientos templos [5] budistas, como los de Wat Po [2] o Wat Suthat [6], donde podemos ver a los monjes ataviados con sus túnicas naranjas.

En las antípodas de la vieja Europa

[4] y [7] En Bangkok, en el interior del palacio Real, protegido por una muralla de 2 kilómetros, se halla el santuario Wat Phra Keo.

La mayoría de los templos tai se caracterizan por la superposición de tejados de tejas esmaltadas, las incrustaciones de porcelana y nácar, las puertas lacadas, las estatuas doradas y policromadas, y las pinturas murales.
Vistas del palacio Real [1], en Bangkok, y de la sala de ordenación de Wat Benjamabophit [2], «templo de mármol», rodeado de magníficos jardines.
[Página de la derecha] En Wat Phra Keo, un gigante del *Ramakien,* versión tailandesa del *Ramayana* donde el bien y el mal se enfrentan una y otra vez.

Entre los siglos IX y XIV, los sucesivos reyes camboyanos fijaron su capital en la región de Angkor, donde construyeron templos y otros edificios. Actualmente se conocen alrededor de cuarenta templos, diseminados en varias decenas de kilómetros, cuya existencia se encuentra amenazada por la exuberante vegetación. Puerta norte de Angkor Thom [2] y Angkor Vat [1] y [3].

Los templos de Pre Rup [4], Ta Prohm [5] y Banteay Kdei [6], en Angkor, no se levantaron en honor de un soberano sino del profeta Jira.

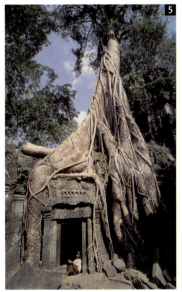

Vista de la terraza de los Elefantes [1] y de la entrada norte de Angkor Thom [3], la antigua capital construida por Jayavarman VII en Angkor.

En las antípodas de la vieja Europa

[2], [4] y [doble página siguiente] El plano general de Angkor Vat, la «ciudad-monasterio» levantada por Suryavarman II a principios del siglo XII, es una sucesión de cuadriláteros encajados que forman una pirámide de tres pisos: sólo los sacerdotes accedían a los dos niveles superiores. Este templo-montaña simboliza las cumbres del monte Meru, residencia de los dioses.

[1], [2] y [5] Junto a un modernísimo barrio de negocios, que podría rivalizar con Nueva York o Hong Kong, se han renovado viejos barrios amenazados de demolición. En Singapur se ha realizado una fuerte inversión de varios millones de dólares.

En las antípodas de la vieja Europa

El barrio árabe y la mezquita del Sultán [4]. En el Chinatown de Singapur se concentra la población china, dedicada a antiguos oficios [3], un mundo misterioso y fascinante.

El antiguo barrio colonial de Singapur [1] junto a torres de gran altura. Los barcos destinados a los turistas permiten navegar en torno a la isla principal, a la que se añaden unos sesenta islotes [2].

En las antípodas de la vieja Europa

Escultura realista de unos niños lanzándose al agua desde el muelle [3].
Varios bicitaxis esperan pacientemente a sus clientes ante el templo del Diente de Buda en Singapur [4].

[1] Federation Square, en Melbourne, Australia. Algunos monumentos del siglo XIX: la estación de Flinders Street [2] y la catedral católica de San Patricio [5].

En las antípodas de la vieja Europa

Ejemplos de arquitectura vanguardista en Melbourne: el centro de la ciudad junto al río Yarra [3], la torre Eureka [4], la más alta de la ciudad, y el puente Webb [6], en la zona de los muelles.

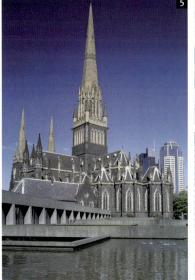

[2] La Ópera de Sídney, con sus tejados blancos encajados unos en otros, que evocan velas o conchas gigantes, es todo un símbolo de la ciudad que sintoniza perfectamente con el paisaje marino.

En las antípodas de la vieja Europa

La ciudad de Sídney, a vista de pájaro, con su espléndida bahía en la que navegan innumerables veleros [3]. También destacan las torres de cristal y aluminio del centro [1] y [4], así como el monorraíl elevado [5].

Ciudades del norte de Europa

A juzgar por la lista de las ciudades alemanas y austriacas inscritas en el patrimonio de la Unesco, deberíamos realizar un buen número de visitas a estos dos países. Si en algunas de ellas se respira el encanto de las ciudades antiguas, otras manifiestan una increíble vitalidad.

Profundamente afectada por los bombardeos de la Segunda Guerra Mundial y las demoliciones de la posguerra, dividida en dos durante cuarenta años, la ciudad de Berlín recuperó su energía tras la caída del muro, en 1989. Comenzó entonces su transformación, renovando numerosos barrios del antiguo Berlín este y encargando a los arquitectos más innovadores edificios dignos del siglo XXI. La ciudad de Potsdam, situada unos kilómetros al suroeste de Berlín, es famosa por los prestigiosos monumentos que allí mandó construir Federico II de Prusia en el siglo XVIII, especialmente el castillo rococó de Sans-Souci, el Versalles prusiano. Conocida con el sobrenombre de «capital secreta de Alemania», Múnich reúne todas las bazas para serlo: espléndidos edificios antiguos, excelentes museos y una alegría de vivir que se manifiesta especialmente durante la Oktoberfest, un festival que dura quince días y en los que se consumen unos 5 millones de litros de cerveza.

En Austria destacan dos ciudades. Viena es la capital, orgullosa de sus valses, famosa por sus cafés y su repostería, sus pintores y sus edificios modernistas, sus escritores, su célebre psicoanalista y su concurrida calle Graben. La otra ciudad es Salzburgo, volcada en

La Karlskirche de Viena fue levantada por Carlos VI, a principios del siglo XVIII, en honor a San Carlos Borromeo, por su entrega durante una epidemia de peste en el siglo XVI.

En el corazón del mundo germánico

el más ilustre de sus hijos, el genial Mozart. Rodeada de montañas y lagos, plagada de iglesias y palacios, la ciudad principesca obtuvo su riqueza y su independencia gracias a la sal, de ahí su nombre, y merece que nos detengamos en ella.

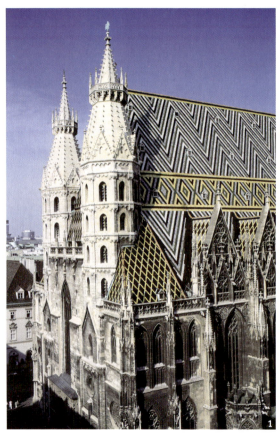

[1] La catedral de San Esteban, en Viena, combina algunos elementos románicos con un coro y una nave góticos.
[2] La Votivkirche, de estilo neogótico, fue construida en el lugar donde el emperador Francisco José sufrió un atentado.

En el corazón del mundo germánico

Uno de los dos pabellones de la Karlplatz, antiguas estaciones de metro diseñadas por el arquitecto Otto Wagner [4], es uno de los numerosos edificios *art nouveau* de Viena. Construida en 1985, la Hundertwasserhaus [3] es un edificio de viviendas cuya originalidad continúa suscitando muchas discusiones.

[1] El Belvedere superior, en Viena.
[2] Otro símbolo de la ciudad: el monumento dedicado a Johann Strauss II, autor de tantos valses vieneses.
[3] Una cabina telefónica de estilo británico ante la Hundertwasserhaus. [4] El tranvía pasa delante del Parlamento.

En el corazón del mundo germánico

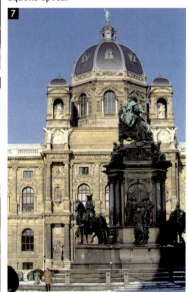

[5] y [7] Museo de Historia Natural de Viena.
[6] En los jardines del palacio de Schönbrunn se encuentra la Palmenhaus, un espectacular invernadero que desde 1880 reúne una amplia colección de plantas tropicales.

[Doble página siguiente] A las afueras de Viena, Schönbrunn es un suntuoso palacio de verano de estilo barroco. Construido en 1696, se conoce también como el Versalles vienés y fue un referente en la Europa de aquella época.

[1] Estatua dedicada a Mozart, presente en todo Salzburgo, ciudad que dedica al músico un famoso festival de música y teatro.
[2] La fortaleza de Hohensalzbourg domina la ciudad.
[3] El palacio de Mirabell y sus magníficos jardines.

En el corazón del mundo germánico

El centro histórico de Salzburgo cuenta con buen número de torres y cúpulas [6]. Asimismo, posee numerosos palacios y jardines, como el de Hellbrunn [4] o el de Leopoldskron [5], donde se rodó *Sonrisas y lágrimas*.

La imponente catedral de Berlín [2] y dos vistas del Reichstag [1] y [3]. Éste quedó seriamente dañado tras la Segunda Guerra Mundial y el aspecto que muestra actualmente, incluida la cúpula de vidrio, es obra del arquitecto británico Norman Foster.

En el corazón del mundo germánico

[4] Berlín: en la célebre avenida *Unter den Linden* («bajo los tilos»), trazada en el siglo XVII, se alza la estatua ecuestre de Federico II, rey de Prusia que recibió en su corte a personajes como Voltaire y que encarnó el ideal del despotismo ilustrado.
[5] Fachada decorada en el barrio de Kreuzberg.

Berlín es la capital de la creatividad en todas sus formas: los grafitis [2] adornan la ciudad, dibujados aquí en los restos del Muro, en el sector este [1].

En el corazón del mundo germánico

En Berlín encontramos arte contemporáneo en forma de esculturas, algunas de ellas monumentales, como la del matrimonio Matschinsky-Denninghoff titulada *Berlín* [3], formada por tubos de aluminio, y la imponente escultura de bronce de Henry Moore, *Divided Oval: Butterfly* [4], junto a la Casa de las culturas del mundo, cuyo techo se conoce como «la ostra embarazada».

[1] El *Rotes Rathaus* («ayuntamiento rojo») de Berlín, llamado así por el color de su ladrillo, data de mediados del siglo XIX.
[2] Totalmente reconstruido tras la Segunda Guerra Mundial, el castillo de Charlottenburg y su característica cúpula verde.
[3] La nueva sinagoga.

En el corazón del mundo germánico

[4] En la Gendarmenmarkt, una de las plazas más bellas de Berlín, se levanta el Schauspielhaus, flanqueado por la catedral francesa y la catedral alemana.
[5] Antiguo puesto fronterizo, el puente Oberbaumbrücke sobre el río Spree.
[6] El Museo Bode, en el extremo de la isla de los Museos.

Centro histórico de Berlín, el barrio de San Nicolás [2] sólo ha conservado de la época medieval la iglesia del mismo nombre, reconocible por sus dos agujas. Bordeando el Spree se concentran algunas construcciones interesantes, como este edificio de Gause [1], en arenisca roja, bello ejemplo de la arquitectura historicista de finales del siglo XIX.
[Página de la derecha] Tras haber sido el símbolo de la división de la ciudad —formaba parte integrante del muro—, la puerta de Brandeburgo se ha convertido en el emblema de la reunificación.

A varios kilómetros de Berlín, Potsdam [1] y [2] posee su «Versalles prusiano», el palacio de Sans-Souci [página de la derecha], así como el Nuevo Palacio [3], erigidos por Federico II el Grande (1712-1786), protector de las artes y las letras.

Capital de Baviera, Múnich ha conservado un buen número de edificios religiosos: la catedral, aquí con su típico mercado navideño [1], la iglesia de San Pedro, del siglo XIII [2]; y, detrás del ayuntamiento neogótico situado en la Marienplatz, las dos torres de la Frauenkirche [4], símbolo de la ciudad.

[3] Los Propíleos de Múnich, puerta emblemática que da a la Königsplatz y a un jardín. Leo von Klenze se inspiró en los Propíleos de la Acrópolis de Atenas.

[1] A varios kilómetros de Múnich, el Nymphenburg, en otro tiempo residencia de verano de los príncipes electores y los reyes de Baviera, fue construido a mediados del siglo XVII y, progresivamente, agrandado para acentuar su parecido con Versalles.

En el corazón del mundo germánico

[2] La Gliptoteca, obra de Leo von Klenze, es una construcción neoclásica que da a la Königsplatz.
[4] Fachada neoclásica en una calle de Múnich.
[3] y [6] La Theatinerkirche, «iglesia de los Teatinos», es de estilo barroco italianizante.
[5] El Ángel de la Paz se alza sobre una columna corintia y representa a la diosa griega de la victoria.

Sentada sobre una roca, en el puerto de Copenhague, la estatua de la *Sirenita* evoca el famoso cuento de Andersen.

E l mar y los canales confieren a todas estas ciudades septentrionales un particular encanto. ¿Acaso no reciben el mismo sobrenombre de «Venecia del Norte» las ciudades de Estocolmo, Brujas y Ámsterdam?

Ya en el siglo XVII, el llamado Siglo de Oro de los Países Bajos, cuando Rembrandt daba las últimas pinceladas a su *Ronda nocturna* y los burgueses más acaudalados se arruinaban por adquirir ejemplares únicos de tulipanes, los extranjeros que llegaban a Ámsterdam quedaban impresionados por su belleza. En la actualidad, es una de las ciudades más bellas y románticas de Europa, que combina sus extensos canales con numerosos puentes y la original arquitectura de los siglos XVI y XVII, todo ello acompañado de las omnipresentes bicicletas. Otra ciudad con canales es Brujas, en Bélgica, una ciudad amable con un rico legado de los tiempos en los que fue poderosa metrópoli. El tiempo parece haberse detenido en sus calles de adoquín, mercados, campanarios de ladrillo y hermosas fachadas con volutas. En cuanto a Bruselas, capital de Bélgica, aún conserva un precioso casco antiguo alrededor de su Grand Place, obra maestra de la arquitectura.

Más al norte de Europa, bañadas por el mar, dos ciudades comerciales: Copenhague (Dinamarca) y Estocolmo (Suecia). A esta última, construida sobre catorce islas, se la denomina a veces como la «ciudad que flota sobre el agua». Aunque los edificios más prestigiosos de ambas ciudades datan del si-

Cuando el agua da vida a las ciudades

glo XVII, no por ello permanecen ancladas en el pasado y prueba de ello es la modernidad con que acometen las obras de remodelación de sus barrios más industriales, donde se deja traslucir una gran preocupación por la ecología, evidente en el uso sistemático de la bicicleta.

[1] y [4] A orillas del Báltico, la ciudad de Estocolmo está construida sobre varias islas en la desembocadura del lago Mälar; de ahí el sobrenombre de «Venecia del Norte» que comparte con otras ciudades europeas.

Cuando el agua da vida a las ciudades

[2] El centro histórico de Estocolmo ha conservado numerosas casas antiguas muy pintorescas.
[3] La iglesia de la isla de Riddarholmen.

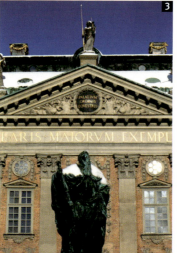

El casco antiguo de Estocolmo ocupa la isla de Stadsholmen [2]. En la de Kungsholmen, el imponente Ayuntamiento [1] alberga cada año, en el Salón Azul, el suntuoso banquete en honor a los galardonados con el Premio Nobel.
[3] El museo de Skansen (finales del siglo XIX) fue el primer museo al aire libre del mundo; en él se reprodujeron decenas de casas procedentes de todo el país para evocar un mundo rural en proceso de desaparición.
[4] Ejemplo de arquitectura en el centro de la ciudad de Estocolmo.
[5] Guardia del palacio real.

[6] El palacio de Drottningholm, en Estocolmo, es la residencia privada de la familia real sueca.

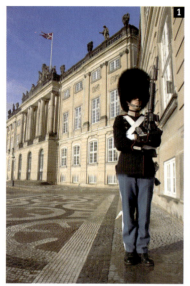

El palacio Amalienborg, en Copenhague, residencia de verano de la familia real danesa, está formado por cuatro edificios de estilo neoclásico [1] y [2]. El imponente palacio de Frederiksborg [4] es la obra maestra del Renacimiento danés.

Cuando el agua da vida a las ciudades

7 [3] y [6] La ciudad de Copenhague se asienta sobre dos islas del Báltico y sus numerosos muelles invitan a pasear.
[5] Nyhavn, el «viejo puerto», se caracteriza por sus casas de vivos colores.
[7] Estatua de Hans Christian Andersen.

El uso de la bicicleta ha aumentado considerablemente en Copenhague gracias a la concienciación y a los numerosos carriles-bici, que permiten disfrutar de bellos paseos por el casco antiguo [1] o los muelles del viejo puerto [página de la derecha].
[2] En el centro de la ciudad, Kongens Nytorv, la «nueva plaza real», creada por Christian V en 1670.

[1] El palacio Real de Ámsterdam se encuentra sobre un dique *(dam)*.
[2] Menos conocida, la plaza del Nieuwmarkt, el «mercado nuevo».
[3] Al final del canal Groenburgwal, la Zuiderkerk, la «iglesia del Sur».

[4] El Hortus Botanicus, el jardín botánico de Ámsterdam, incluye varios invernaderos tropicales.
[5] y [6] Los canales vistos desde distintos ángulos.

[1] A unos diez minutos en bicicleta del centro histórico de Ámsterdam, la antigua zona portuaria forma un archipiélago de islas artificiales rehabilitadas, con un puente rojo en forma de serpiente: *Pythonbrug*.

Cuando el agua da vida a las ciudades

[2], [3] y [4] En la ciudad de Ámsterdam existen muchos puentes para cruzar los canales; entre ellos destacan los cuatro más grandes, que delimitan el corazón de la ciudad. En torno a ellos se construyeron magníficas casas, las más antiguas de las cuales datan de la época de Rembrandt y Vermeer.

[2] El campanario de la Grand-Place, símbolo de las libertades comunales de Brujas, se alza como un silencioso guardián de la ciudad y sus habitantes [1] No lejos de allí, el prebostazgo, en otro tiempo sede del capítulo de la antigua iglesia de Saint-Donatien.

El Markt, la plaza Mayor de Brujas, es una auténtica joya en la que se levanta el palacio Provincial [4] y bellos edificios de gran valor arquitectónico. También encontramos bonitas casas burguesas a lo largo de los canales [3] o en la plaza Van-Eyck, en este caso con fachadas de ladrillo y gabletes escalonados [5].

Desde lo alto del campanario se obtiene una estupenda vista de la plaza Mayor de Brujas, con bonitas casas de frontón triangular [1] y terrazas donde tomar una buena cerveza. [2] Terrazas junto a un canal.

Cuando el agua da vida a las ciudades

[3] El edificio de Correos de Brujas, en la Plaza Mayor, es un edificio de estilo neogótico.
[4] y [doble página siguiente] Cualquier época del año y cualquier medio de locomoción son buenos para pasear por los canales de esta «Venecia del norte».

Jean Cocteau definió la plaza Mayor de Bruselas como el «teatro más hermoso del mundo». En ella podemos admirar el Ayuntamiento [6] y, enfrente, la casa del Rey [2], dos edificios rodeados de hermosas casas construidas en el siglo XVII por las distintas corporaciones gremiales en estilo barroco italo-flamenco [1].

Cuando el agua da vida a las ciudades

[3] Delante del parque de Bruselas se levanta el grandioso palacio Real con su fachada de estilo Luis XVI.
[4] Uno de los mejores ejemplos de estilo *art nouveau* de Bruselas es la fachada del edificio Old England, que alberga el Museo de Instrumentos Musicales.
[5] El muelle de Charbonnages, en el canal de Charleroi.

Dos símbolos de Bruselas: la estatuilla de bronce de la fuente del Manneken-Pis [2], símbolo del espíritu independiente de los bruselenses, y el Atomium [1], construido para la Exposición Universal de 1958 y que representa una molécula de cristal de hierro aumentada 165.000 millones de veces.

Cuando el agua da vida a las ciudades

Cerca de la plaza Mayor de Bruselas se encuentran las galerías reales Saint-Hubert [3] y la calle del Marché-au-Charbon [5].
[4] Restaurante de Bruselas.

Los dramáticos acontecimientos del siglo XX, como los estragos de la Segunda Guerra Mundial y el proteccionismo del régimen comunista, hicieron que estas ciudades pagasen un fuerte tributo. Deseosas de recuperar el tiempo perdido tras la desaparición del telón de acero, intentan recobrar el esplendor de otras épocas.

La catedral de San Salvador, en Moscú, se construyó para conmemorar la victoria de Rusia sobre el ejército napoleónico. Destruida bajo el mandato de Stalin, fue reconstruida igual que la original en la década de 1990.

Las repúblicas del Báltico y, por ende, sus capitales –Tallin (Estonia), Riga (Letonia) y Vilna (Lituania)– han vuelto a recuperar su soberanía. Afortunadamente, el casco histórico de estas ciudades se ha conservado y aún es posible encontrar en sus edificios indicios de la prosperidad que conocieron en otros tiempos: edificios de frontones triangulares, fortificaciones medievales, iglesias góticas, vistosas fachadas esculpidas...

Desde que, a principios del siglo XVIII, Pedro el Grande colocase la primera piedra de la fortaleza de Pedro y Pablo, las cúpulas doradas en forma de bulbo y las vistosas fachadas barrocas de las iglesias y palacios de San Petersburgo (Rusia) no han dejado de reflejarse en las aguas del Neva. Milagrosamente preservada de los recientes avatares de la historia, la ciudad muestra junto a sus canales edificios de los estilos barroco y clásico que imitó de la Europa vecina. Contrariamente a San Petersburgo, Moscú sorprende por la diversidad de su arquitectura, que se ha propuesto restaurar desde la perestroika. Las llamativas cúpulas doradas de las iglesias y de los suntuosos palacios se dejan ver ya desde el recinto fortificado del Kremlin, alrededor del cual se fue desarrollando progresivamente la ciudad.

Reflejo de las esperanzas y las desilusiones de nuestro agitado siglo XX, Budapest (Hungría), Cracovia (Polonia) y Praga (República Checa) recuperan su energía y ofrecen en piedra un elocuente resumen de su historia: baños turcos, viviendas e iglesias barrocas de la época de los Habsburgo en Budapest, cementerio judío y tabernas típicas en Praga, el Mercado de los Paños y la Universidad de Jagiellonian en Cracovia...

Joyas arquitectónicas

San Petersburgo debe buena parte de su encanto a sus vistosas fachadas: amarillo en la fachada del teatro Alexandrinski [1]; verde pastel en el palacio de Invierno, del arquitecto Rastrelli, que acoge una parte de las colecciones del Ermitage [2]; amarillo anaranjado en la plaza del Palacio [3], en cuyo centro se levanta la columna triunfal de Alejando I.

Joyas arquitectónicas

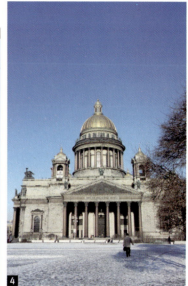

[4] La catedral de San Isaac, en San Petersburgo, es la tercera catedral más grande de Europa. De estilo más sobrio, está inspirada en la catedral londinense de San Pablo.

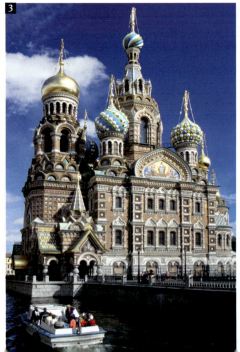

Fundada por Pedro el Grande en el siglo XVIII para permitir a Rusia «abrir una ventana a Europa», San Petersburgo fue rápidamente ampliada por Isabel Petrovna y Catalina II. En esta ciudad abundan las cúpulas y bulbos dorados o de colores: palacio de Tsarskoye Selo [1], iglesia de Chesme [2] y catedral de San Salvador de la Sangre Derramada [3].

Joyas arquitectónicas

[4] San Petersburgo está bordeada por numerosos canales que ofrecen magníficas vistas de la ciudad.
[5] El Instituto Smolnyï es una obra maestra del Barroco firmada por Rastrelli, el arquitecto del palacio de Invierno.
[6] El canal del palacio de Invierno.

Dos obras del siglo XX en la ciudad de Moscú: el rascacielos Kotelnicheskaya Embankment, característico del estilo ecléctico y pesado de la era estalinista [2], y el grandioso monumento erigido para rendir homenaje a las conquistas espaciales soviéticas [3].

Joyas arquitectónicas

Moscú se ha ido desarrollando en círculos concéntricos, por lo que las calles convergen hacia el centro de la ciudad: la plaza Roja [5] y [7] y el Kremlin [1] y [6].
[4] El monasterio de Novodievitchi, que significa «nuevo convento de las doncellas», apenas ha cambiado desde el siglo XVI.

La catedral de San Basilio [1], en Moscú, con sus famosísimas cúpulas multicolores en forma de bulbo.
[2] Torre-campanario de Iván el Grande, la más alta de las torres del Kremlin.
[Página de la derecha] En la iglesia de la Trinidad de Nikitniki, una de las más bellas de la ciudad, se encuentra el hermoso icono de Nuestra Señora de Georgia.

[1], [3] y [5] Segunda ciudad del país por el número de habitantes, Cracovia es el centro cultural de Polonia. Su centro histórico, declarado Patrimonio de la Humanidad en 1978, se halla a los pies de la colina de Wawel, a orillas del Vístula: mercado de paños en la plaza del Mercado, donde también se alza la estatua del escritor Adam Mickiewicz y desde donde se ve la iglesia de Nuestra Señora.

Joyas arquitectónicas

[2] Catedral en el recinto del castillo real de Cracovia.
[4] Vista del barrio judío Kazimierz desde el Vístula.
[6] Torre gótica de la puerta de San Florián.

Sobre el cielo de Cracovia se recorta la silueta de numerosos campanarios: el de la catedral [1], situado en el recinto del palacio real, o el de la iglesia de Nuestra Señora, construido a mediados del siglo XIV en estilo gótico [2]. Cracovia, al igual que el resto del país, es un fuerte bastión del catolicismo.

Joyas arquitectónicas

[3] Paseo en calesa por las calles del casco antiguo de Cracovia.
[4] La torre del Ayuntamiento de Cracovia.

A pesar de algunos edificios de inspiración soviética, los tesoros arquitectónicos de Praga fueron conservados por el régimen. El puente Carlos [2] une el barrio del castillo (Malá Strana), con el casco antiguo a través de su torre gótica [1].
[4] La plaza Malostranské.

Joyas arquitectónicas

[3] El río Moldava se abre camino por la mágica ciudad de Praga.
[5] La plaza Kampa, sobre la isla del mismo nombre, en Praga.

Junto con el castillo, la ciudad vieja de Praga, al otro lado del Moldava, es la parte más antigua de la ciudad. Destaca la plaza de la ciudad vieja, rodeada de bellos edificios con soportales, algunos pintados y decorados [página de la derecha]. En uno de los extremos se alza la iglesia de **Nuestra Señora de Tyn** [1] y enfrente, en la fachada sur del Ayuntamiento, el reloj astronómico [2] del siglo xv, que anuncia las horas con su «procesión de apóstoles».

[1] En la ciudad nueva de Praga, creada en el siglo XIV para agrandar la ciudad, que se había quedado pequeña, se alza la estatua del rey Wenceslao y, detrás, el Museo Nacional, un imponente edificio de estilo neorrenacentista.

Joyas arquitectónicas

Dominando el Moldava y el puente Carlos [6] de Praga, se alzan majestuosos la catedral de San Vito y el palacio real [doble página siguiente].
En la plaza de la ciudad vieja, casas antiguas [2] y el Ayuntamiento [4]. En el barrio del castillo, la iglesia barroca de Nuestra Señora de Loreto [5] y el callejón del Oro, pues fue la calle de los alquimistas durante la época medieval [3].

Budapest, capital de Hungría, conocida como la «perla del Danubio», está dividida en Buda [1], en la orilla derecha del río, y Pest, en su orilla izquierda. Uno de sus monumentos más emblemáticos es el Parlamento [3], a orillas del Danubio.
[2] El magnífico puente de las Cadenas.
[Página de la derecha] Fachada de un hotel en la plaza Blaha Lujza.

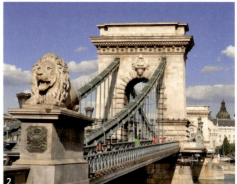

Desde el puente de las Cadenas [2], en Budapest, se distingue el palacio Gresham, construido en estilo *art nouveau* durante los primeros años del siglo xx y que fue reconvertido en hotel de lujo. Al fondo, la basílica de San Esteban de Pest [1] y [3].

Joyas arquitectónicas

[4] Budapest es una afamada ciudad termal. En la foto, los baños de Széchenyi.
[5] La plaza de los Héroes, una de las más famosas de la ciudad.
[6] El Parlamento, de estilo neogótico, alberga las principales instancias gubernamentales.

En Riga, capital de Letonia, la iglesia de San Juan [1] y la casa de las Cabezas Negras [2].

Joyas arquitectónicas

Además de numerosos edificios *art nouveau* [3] y [4], Riga conserva auténticos tesoros arquitectónicos que hablan de su esplendoroso pasado [5].

La capital de Lituania, Vilna, ha conservado su casco histórico, que se extiende sobre las laderas de la orilla izquierda del Neris [1] y cuenta con gran número de iglesias: Santa Ana [3], de estilo gótico tardío, la iglesia de los Bernardinos [6] y la iglesia barroca de San Casimiro, construida por los jesuitas [4].

Joyas arquitectónicas

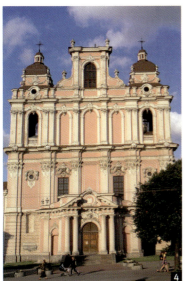

[5] Vilna es célebre por sus magníficas fachadas, típicas del norte de Europa, como las de la calle del Castillo.
[2] Delante del teatro Nacional, *La Fiesta de las Musas:* el Drama, la Tragedia y la Comedia.

Tallin, capital de Estonia, ha conservado una buena parte del recinto fortificado [4] que rodea la ciudad antigua [2]. Sus edificios muestran un recorrido por diferentes estilos, desde la Edad Media a la época clásica, pasando por el Renacimiento y el Barroco, especialmente los de la plaza del Ayuntamiento [1] y [3].

Joyas arquitectónicas

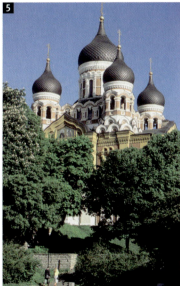

[5] En la ciudad alta de Tallin, la catedral de Alexandre-Nevsky eleva hacia el cielo sus bellas cúpulas.

La pirámide de Pei, en París, se levanta en el centro del patio de Napoleón, en el Louvre.

A l igual que París y Cannes, Bath, Edimburgo y Londres no se pueden resumir en su urbanismo ni en su arquitectura. En todas ellas se respira una atmósfera especial, a menudo indefinible, que también se aprecia en las tradiciones de sus habitantes.

París es mucho más que un desordenado catálogo de épocas y estilos arquitectónicos. Pero sus edificios tienen una innegable calidad y las disposiciones municipales relativas a su mantenimiento garantizan que las calles, plazas y lugares públicos resulten especialmente atractivos. La gran personalidad de París no sólo reside en la Île de la Cité, sino también en los muelles junto al Sena, a la sombra de las torres de Notre Dame, la belleza de las mansiones del Marais y del Barrio Latino, el placer de la lectura sentado en una silla de hierro de las Tullerías, a unos pasos del Louvre, el de una taza de café en la barra de un *bistrot*...

Con su bulevar de la Croisette y su barrio histórico, Cannes es un destino muy de moda desde que, a finales del siglo XVIII, la costa mediterránea sedujese a la aristocracia británica. Al otro lado del canal de La Mancha, en Gran Bretaña, encontramos Bath, ciudad balneario que ha conservado un conjunto único de viviendas georgianas, o Edimburgo, con elegantes fachadas neoclásicas que constituyen el encanto de la «ciudad nueva», a dos pasos de la ciudad medieval. Y, por último, Londres, la capital del mundo, que no ha perdido clase ni elegancia pese a sufrir los efectos de la Gran Peste,

La «ciudad más bella del mundo» y otras...

del gran incendio o de los bombardeos de la Alemania nazi durante la Segunda Guerra Mundial. Increíblemente viva y dinámica, ha procedido con gran audacia a la rehabilitación de sus barrios industriales sin renunciar a sus tradiciones, como sus clásicos *pubs*.

¿Qué tienen en común la colina del Sacré-Coeur [2] y el ambiente intelectual del Barrio Latino, en París, con su café «Les deux magots», que conserva el recuerdo de Verlaine, Rimbaud, Picasso, Hemingway, Sartre y Beauvoir, en Saint-Germain-des-Prés [1]?

La «ciudad más bella del mundo» y otras...

[4] En el corazón de París, junto al Sena, la Conciergerie es el testimonio más antiguo del palacio de la Cité, primera residencia real de la capital.
[3] A unos pasos de allí, Notre-Dame, obra maestra del arte gótico cuya construcción se remonta a finales del siglo XII.

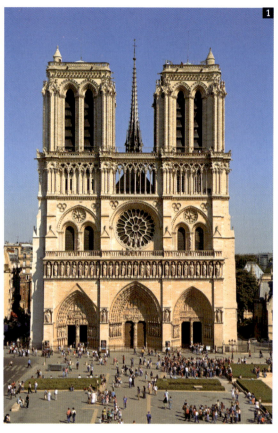

[1] La fachada occidental de Notre-Dame de París está flanqueada por dos torres de más de 60 m de altura, con un rosetón por encima de la galería de los Reyes. Las estatuas de esta galería fueron decapitadas por los revolucionarios creyendo que se trataba de los reyes de Francia cuando en realidad se trataba de los reyes de Judea. Las cabezas de estas estatuas han aparecido recientemente.
[2] Nexo de unión entre el Louvre y el Gran Arco de la Défense, el Arco del Triunfo, al final de la avenida Champs Élysées, en la plaza Charles de Gaulle.

[Página de la derecha] La torre Eiffel, símbolo de París.

[1] El Grand Palais de París es fácilmente reconocible por sus cristaleras y su estructura de hierro.
[2] El ineludible barrio bohemio de Montmartre.
[3] La columna Vendôme, en la plaza del mismo nombre, en París.
[4] El obelisco de Luxor, en la plaza de la Concorde, al pie de los Champs-Élysées.

[5] La columna de Julio, en la plaza de la Bastilla de París, rematada por un genio que simboliza la libertad.
[6] El palacio de Luxemburgo, originalmente palacio de María de Médicis, alberga el Senado francés.
[Doble página siguiente] Una gárgola de Notre-Dame, con la cabeza apoyada en una mano, parece meditar con la mirada perdida en los tejados de París.

[1], [2] y [3] Lujosos hoteles, como el Carlton, bordean el paseo de la Croisette, en Cannes, recuerdo de una época en la que la ciudad atraía a la aristocracia europea, a la gran burguesía industrial y a numerosas personalidades del mundo de las artes y las letras.

La «ciudad más bella del mundo» y otras...

Estación balnearia de la Costa Azul [5], Cannes es mundialmente conocida por su paseo de la Croisette [4] y su festival de cine.

El centro histórico de Edimburgo [2] se divide en dos zonas. Al sur, el casco antiguo está dominado por el castillo, encaramado en lo alto de la colina [1]; su eje principal, Royal Mile [3], desciende hacia el palacio real de Holyrood [6]; desde Calton Hill se obtiene una espléndida panorámica sobre el casco antiguo [5].

La «ciudad más bella del mundo» y otras...

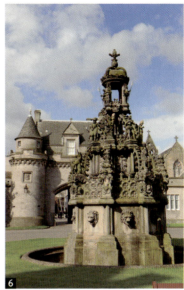

[4] Desarrollada a partir del siglo XVIII para descongestionar la ciudad vieja de Edimburgo, en la ciudad nueva encontramos los edificios más bellos de estilo georgiano, como los que rodean Charlotte Square.

[2] En el suroeste de Inglaterra, Bath es célebre desde la época romana por sus fuentes de aguas termales. A partir del siglo XVIII, la aristocracia inglesa comenzó a frecuentar sus termas.

[1], [3] y [4] La catedral de Bath, reconstruida entre los siglos XII y XVI, es uno de los ejemplos mejor conservados del estilo gótico perpendicular (fase final de la arquitectura gótica inglesa).
[5] Vista de Royal Crescent.

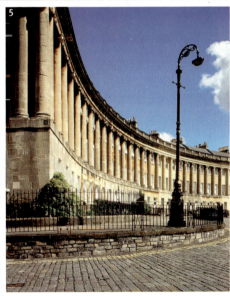

[1] Situado en el distrito financiero de Londres, el Swiss Re Building, rebautizado por los londinenses como *The Gherkin* («el pepinillo»).
Al igual que los autobuses de dos pisos, los *pubs* [2] y los taxis, las cabinas telefónicas rojas [3] de Londres se han convertido en un símbolo de la ciudad; algunas de ellas están catalogadas como monumentos históricos.
[Página de la derecha] Desde finales del siglo XIX, Leadenhall Market es un mercado cubierto en la City.

Monumentos más destacados de Londres: Buckingham Palace [1], la abadía de Westminster [2], Big Ben y el palacio de Westminster [4], Tower Bridge [5] y la catedral de San Pablo [6].

La «ciudad más bella del mundo» y otras...

El Ayuntamiento [7] de Londres, a orillas del Támesis, diseñado por Norman Foster, al igual que el Swiss Re Building.
Otro símbolo de la ciudad es la Guardia Real [3], regimiento al servicio de la reina, que viste chaqueta roja y gorro alto negro de piel de oso.

[1] El mercado de Covent Garden, en Londres.
[2] Estatua de bronce de Ricardo Corazón de León (1157-1199) ante la abadía de Westminster.

La «ciudad más bella del mundo» y otras...

Tres ambientes londinenses radicalmente diferentes:
la City y sus hombres de negocios [3],
Camden High Street y sus famosas tiendas [4]
y Piccadilly Circus, con sus turistas y curiosos [5].

Ciudades del sur de Europa

Chimeneas en los tejados de la casa Milà, del arquitecto Gaudí, en Barcelona.

Ciudades conquistadas, reconquistadas y conquistadoras

Desde la ocupación romana hasta la época de los conquistadores y los grandes descubrimientos, pasando por la invasión de los musulmanes de una buena parte del territorio durante varios siglos, las ciudades de la Península Ibérica ofrecen mil facetas.

Ciudades de rasgos marcados, de fuerte personalidad e irresistible encanto... El norte de España nos muestra ciudades muy diferentes: la Barcelona de Gaudí, Santiago de Compostela, el mayor lugar de peregrinación después de Roma, y Bilbao, recientemente dinamizado tras la apertura del museo Guggenheim. Ya en el interior, Salamanca alberga la universidad más antigua de España y numerosos monumentos platerescos, mientras que Madrid no ha dejado de añadir edificios civiles y religiosos desde que Felipe II estableciese en ella su capital en el siglo XVI. Más hacia el sur, un ambiente impregnado de cultura islámica domina las tres joyas de Andalucía –Sevilla, Granada y Córdoba–, herencia de la ocupación árabe.

Y en Portugal, centinela avanzado de Europa, bañado por las aguas del Atlántico, destaca Lisboa, en la desembocadura del Tajo, recordando aún la época de los descubrimientos y de sus héroes, como Vasco de Gama. A pesar de la reconstrucción racional de una parte de la ciudad tras el terremoto de 1755, toda ella nos acerca al ambiente de las casas de fado, un ambiente nostálgico que se desprende de los funiculares amarillos, los anticuados tranvías que recorren las siete colinas, la ropa colgada de los balcones y las calles tortuosas con viejos cafetines. A 30 km de Lisboa está Sintra, con sus castillos de cuento de hadas rodeados de umbríos y exóticos jardines. Más industrial es Oporto, a orillas del Duero, con sus iglesias barrocas, sus balcones de hierro forjado y sus fachadas cubiertas de azulejos.

1 Afirmando alto y claro su identidad catalana, Barcelona une a la arquitectura de Gaudí [1] y [3], uno de sus hombres ilustres, buen número de monumentos antiguos como el Poble Espanyol, «el pueblo español» [2], que pretende ilustrar todos los estilos arquitectónicos del país.

Ciudades conquistadas, reconquistadas y conquistadoras

El Arco del Triunfo levantado para la Exposición Universal de 1888 [4], el Museo Nacional de Arte de Cataluña [6] y la catedral gótica [5] de Barcelona.

La Sagrada Familia [2], aún inacabada, y la casa Batlló [1], en Barcelona, ambas diseñadas por Gaudí. [3] y [página de la derecha] Si algún arquitecto ha modelado la ciudad de Barcelona, ése es, sin duda, Gaudí (1852-1926), el genial arquitecto *art nouveau* que, no contento con proyectar los edificios, imaginaba también su decoración, desde los materiales (madera, piedra, ladrillo, hierro forjado, cerámica, vidrieras) hasta su diseño, como en el caso del parque Güell.

[2] El barrio antiguo de Bilbao encierra una maraña de callejuelas pintorescas alrededor de la plaza Nueva. Varios puentes cruzan el río Nervión: el del Ayuntamiento [3] y el de Zubizuri [1], pasarela peatonal diseñada por el arquitecto Calatrava.

Ciudades conquistadas, reconquistadas y conquistadoras

El Museo Guggenheim de Bilbao [5], obra de Frank Gehry, ha devuelto el dinamismo a esta ciudad. Se trata de un magnífico edificio vanguardista, consagrado al arte contemporáneo, cuya explanada principal cuenta con una escultura de Louise Bourgeois, *Maman,* una araña gigante [4].

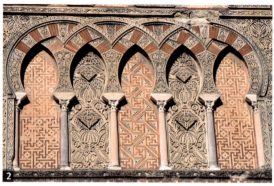

[1], [2], [4] y [página de la derecha] La Gran Mezquita, cuya construcción se remonta al siglo VIII, es la joya del casco antiguo de Córdoba. Cuando en medio de la antigua mezquita se levantó una gran nave cristiana, cuentan que el emperador Carlos V dijo: «Habéis tomado algo único y lo habéis convertido en algo mundano».
[3] Las ruinas de Medina Azahara.

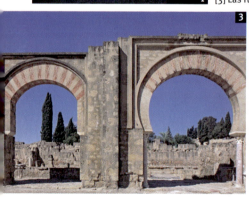

Al pie de Sierra Nevada, Granada conoció su apogeo durante la época islámica. La dinastía nasrí ordenó construir, dominando la ciudad, la Alhambra [2], con el palacio del Partal [1] y el Patio de los Leones [3].

Ciudades conquistadas, reconquistadas y conquistadoras

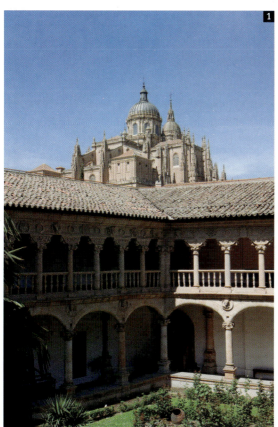

Es impresionante el número de edificios notables con los que cuenta Salamanca, siendo la plaza Mayor [2] una de las más bellas de España. En el claustro del convento de Las Dueñas [1], las figuras atormentadas de los capiteles contrastan con la serenidad del jardín.

Madrid, la capital de España, cuenta en el casco antiguo con una gran plaza Mayor [1] que, en otros tiempos, sirvió como plaza de toros y también para los juicios de la Santa Inquisición. Dominando el río Manzanares, en el enclave del antiguo Alcázar, se alza el palacio Real [2] y [3].

Ciudades conquistadas, reconquistadas y conquistadoras

El Retiro, el parque más emblemático de Madrid, data de la época de Felipe IV. ¿Quién no ha oído hablar del palacio de Cristal, el Casón del Buen Retiro o el estanque con la estatua ecuestre de Alfonso XII?

Durante siglos, los peregrinos siguieron alguno de los caminos de Santiago para llegar al *finis terrae* de Galicia. En la plaza del Obradoiro, la catedral [página de la derecha], pensada para acoger a todos los caminantes y peregrinos, y el Ayuntamiento [2] y [3]. No lejos de allí se encuentra el monasterio de San Martín Pinario, con su monumental pórtico del siglo XVII [1].

[2] Sevilla también ha conservado numerosos edificios de origen árabe, como la torre del Oro, torre militar albarrana –separada del resto de la muralla– construida en 1220 y reconvertida en museo marítimo.

Ciudades conquistadas, reconquistadas y conquistadoras

Al igual que el pabellón mudéjar [4] construido para la Exposición Iberoamericana de 1929, la plaza de España [1] y [3] es una de las más espectaculares de Sevilla: su forma semicircular simboliza el abrazo de España y sus antiguas colonias.

[1] y [5] Antiguo barrio judío medieval, Santa Cruz es la parte más pintoresca de Sevilla.
[2] La plaza de España.
[3] y [doble página siguiente] La plaza de toros de la ciudad es una de las más antiguas de España.

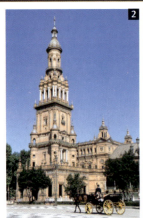

Sevilla posee suntuosos edificios como el palacio Arzobispal, aún utilizado por el clero [6], o la Casa de Pilatos, que cuenta con un magnífico patio adornado con estucos mudéjares y azulejos [4].

[2] No lejos de Lisboa se encuentra el Palacio de Queluz, magnífico ejemplo del Barroco europeo.

En la desembocadura del río Tajo y con un puente espectacular desde 1998 (el Vasco de Gama) [1], Lisboa conserva, pese a la renovación reciente, un aire seductor: los tejados de la Alfama [3], con la ropa tendida en los balcones, los limpiabotas de la plaza del Comercio [6], las empinadas calles con sus típicos funiculares y sus tranvías de aire antiguo, los viejos cafés del Chiado [4] y las filigranas de piedra del claustro del monasterio de los Jerónimos y de la torre de Belém [5].

A orillas del Duero, la ciudad de Oporto debe su prosperidad al vino que lleva su nombre.

Ciudades conquistadas, reconquistadas y conquistadoras

Sintra cuenta con grandes atractivos arquitectónicos y paisajísticos. De visita obligada son el romántico Palacio da Pena [1], rodeado de un exuberante parque de más de 200 hectáreas, y el Castelo dos Mouros [2].

Comenzado en el siglo VI a.C. y acabado por Adriano en el siglo II d.C., el templo de Zeus Olímpico (el Olympieion), en Atenas, aún conserva quince columnas de impresionante verticalidad.

A orillas del Adriático y el Mediterráneo

Emplazadas en codiciados lugares estratégicos, la mayor parte de estas ciudades pasaron una y otra vez de mano en mano, sucediéndose distintos poderes dominantes que conformaron también su riqueza. Única en el mundo, la Acrópolis bastaría por sí sola para hacer de Atenas una ciudad inolvidable.

Bordear las costas del mar Adriático es como remontarse atrás en la historia. Es evocar la historia de un emperador romano que, para su retiro, mandó construir un palacio en su región natal, Split, o la historia de la República de Venecia afirmando su supremacía comercial y política, como lo atestiguan el sistema político de las ciudades-estado que rigió en Split y Dubrovnik, en Croacia, y su influencia sobre Corfú (Grecia). Rodas, en Grecia, no sólo conserva el recuerdo de una de las Siete Maravillas del mundo, un coloso de 32 metros colocado a la entrada del puerto y entre cuyas piernas debían pasar los barcos. Codiciada por las potencias vecinas, la isla sirvió de asilo a los caballeros de la Orden Hospitalaria de San Juan, como lo confirma su maravillosa ciudad medieval fortificada, antes de caer en manos de los otomanos. Refugiados en Malta, los caballeros crearon en La Valetta una de las más bellas fortalezas del Mediterráneo, que alberga una espléndida ciudad barroca.

Atenas, la capital de Grecia, es una ciudad singular, muy activa y bulliciosa pero con monumentos únicos, como el Partenón, cargados de historia y de mitología. Sin embargo, también están sus colinas, cubiertas de olivos y cipreses, sus tabernas donde degustar un buen *ouzo* en sillas de paja medio desvencijadas o el barrio de Anafiotika, de casitas blancas encaladas con puertas de un azul deslumbrante, uno de los muchos barrios con encanto.

[1] En la ciudad de Corfú, capital de la isla del mismo nombre, se alza la iglesia de Pondikonissi, de marcada personalidad griega.

A orillas del Adriático y el Mediterráneo

[2], [3] y [4] Corfú estuvo dominada durante varios siglos por Venecia, como así lo atestiguan algunos detalles arquitectónicos, sobre todo en el casco antiguo: balcones y postigos pintados de verde, campanarios exentos de la iglesia, ambos cubiertos por tejas rojas. Y un detalle curioso: algunos habitantes de la isla continúan hablando un dialecto que incorpora al griego numerosos vocablos italianos.

[1] El estadio olímpico de Atenas, construido en 1982, fue completamente renovado para los juegos olímpicos de verano de 2004. Dominando la ciudad de Atenas, la Acrópolis ha conservado uno de los más importantes conjuntos arquitectónicos de la historia de la humanidad: aquí, el Erecteion [2] y el Partenón [página de la derecha]; contemporáneo, el templo de Hefesto, en la antigua ágora [3].

[2] En el puerto de Mandraki, dos columnas sostienen los símbolos de Rodas, el ciervo y la cierva.

A orillas del Adriático y el Mediterráneo

[3], [4] y [5] Aunque Rodas ha conservado algunos vestigios de la Antigüedad, como las columnas del templo de Apolo Pitio [1], su aspecto está muy marcado por la presencia de la orden de San Juan de Jerusalén, que se instaló en la isla durante dos siglos (XIV al XVI) y construyó una fortaleza y el palacio de los Grandes Maestres.

Dubrovnik [4], la antigua Ragusa, además de magníficas playas [1], ha conservado numerosos restos de su historia: las murallas, el casco antiguo y sus calles de adoquín, los edificios de piedra blanca, los tejados de teja roja, además de monumentos repartidos a uno y otro lado de su calle principal, Plaka [2]: el palacio Sponza [página de la derecha], del siglo XVI, en estilo gótico renacentista, o el convento de los franciscanos, con su claustro y su campanario [3].

El casco antiguo de Split conserva huellas de su rica historia: la plaza del Pueblo y el antiguo Ayuntamiento [1], y la plaza de la República, que pretende ser una imitación de la Procuraduría de la plaza de San Marcos [2].

A orillas del Adriático y el Mediterráneo

Split [3] fue inicialmente escogida por Diocleciano para construir su palacio; más tarde, la ciudad se fue desarrollando en el interior y alrededor de este palacio, del que se conservan numerosos vestigios, como la puerta Argentea [4].

La historia de La Valetta está, como la de Rodas, ligada a la llegada de los caballeros de la orden de San Juan a la isla de Malta. La ciudad fue creada por y para la orden, razón por la cual lleva el nombre del gran maestre que fundó la ciudad.

A orillas del Adriático y el Mediterráneo

La riqueza arquitectónica de La Valetta le ha valido su inclusión en la lista del patrimonio mundial.

Como una sombra chinesca, la iglesia de Santa Maria Della Salute domina la punta de la Dogana di Mare, «aduana del mar», en Venecia.

Elaborar una lista de las ciudades más bellas y míticas de Italia no es tarea fácil. Tanto las ciudades grandes como las pequeñas destilan un encanto indefinible...

La historia del norte de Italia es la historia de sus ciudades. Siempre rivalizaron unas con otras y, de este modo, acabaron convirtiéndose en pequeñas obras de arte: Venecia y sus canales, Florencia y sus austeros edificios junto al río Arno, la acogedora Piazza del Campo, de piedra dorada, hacia la que convergen los tejados de la ciudad de Siena, los palacios de estilo renacentista de los duques en Mantua o en Urbino, la basílica de San Francisco en Asís, situada de forma escalonada en una ladera del monte Subasio.

Muy distintas son las ciudades del sur. Junto a su espléndida bahía, exuberante y apasionada, tierra elegida por el *bel canto* y la *commedia dell'arte,* Nápoles es la ciudad del Barroco y de los palacios en ruinas, de los helados y las *pizzas,* de las ruidosas Vespas y de la ropa colgada de los balcones... Aún más al sur, las piedras de Palermo, Taormina y Siracusa, en Sicilia, nos descubren enclaves de gran belleza que hablan de las sucesivas oleadas de invasores que no dejaron de afluir a sus costas.

A medio camino entre el norte y el sur está Roma, ciudad a la que llevan todos los caminos, rebosante de historia, como un gigantesco

Ciudades donde se respira arte

puzle tridimensional: la Roma antigua e imperial, la Roma doliente del martirio de los primeros cristianos, la Roma triunfante y barroca que se aprecia en los suntuosos edificios del Vaticano, la Roma moderna y desconcertante del fascismo del siglo xx...

Las maravillas de la ciudad de los Dogos son innumerables. En el corazón de la ciudad, la plaza y la basílica de San Marcos [1], y el palacio de los Dogos [2] y [4]. Rodeadas por la laguna, la Dogana di Mare, «aduana del mar» [5], y la isla de San Giorgio Maggiore, sobre la que se alza la iglesia del mismo nombre, pequeña joya diseñada por Palladio [3].

Ciudades donde se respira arte

Venecia es bien conocida por sus canales y palacios: el puente de Rialto, sobre el Gran Canal [6], y el palacio Pisani-Moretta [7].

[1] Una de las islas más atractivas de la laguna de Venecia es Murano, famosa por su producción de vidrio. En esta isla se encuentra la iglesia Santi Maria e Donato, con un admirable presbiterio adornado con dos hileras de arquerías de ladrillo separadas por columnas geminadas de un blanco deslumbrante.

Ciudades donde se respira arte

Además de la famosa Plaza de San Marcos [2], Venecia esconde tras sus callejuelas y canales, pequeños *campi*, como el Campo dei Santi Giovanni e Paolo [3].
[4] y [5] Los palacios se suceden a lo largo del Gran Canal.

En buena medida, el encanto de Venecia reside en el agua: más de cien islas, separadas por más de 170 canales atravesados por más de 400 puentes.

Protegida por sus murallas, Urbino seduce por su entorno y sus monumentos. Las estrechas y empinadas calles [1] nos descubren hermosas vistas, como las del palacio Ducal, de estilo renacentista [2].

Ciudades donde se respira arte

Además del magnífico palacio de los duques de Gonzaga, que engloba al castillo de San Giorgio [2], Mantua ofrece bellos edificios, como la Rotonda de San Lorenzo, iglesia de planta circular [1], o la Piazza Sordillo, en el centro de la ciudad medieval, junto a la catedral [3].

[1] En el centro de Asís, la Piazza del Comune ha conservado un templo de Minerva transformado en iglesia. Dominada por la fortaleza Rocca Maggiore [4], donde las vistas son espléndidas, Asís, con sus callejuelas [2] de casas viejas y sus iglesias, parece ligeramente aletargada.

Ciudades donde se respira arte

[3] La basílica de San Francisco, en Asís, la primera iglesia dedicada al santo del siglo XIII, se compone de dos edificios superpuestos.
[5] La fachada de la catedral es, quizá, una de las más bellas de Italia, con sus tres pórticos decorados con esculturas románicas.

[1] A orillas del Arno, Florencia es una de las ciudades más hermosas de Italia. Prueba de ello son el Palazzo Vecchio [2] y la catedral Santa María del Fiore [3] y [4].

Ciudades donde se respira arte

[5] La Piazza della Repubblica, en Florencia, en el emplazamiento del antiguo foro, está hoy rodeada de numerosos cafés.
[6] Una reproducción del *David* de Miguel Ángel, en el Piazzale Michelangelo.

[Doble página siguiente] El Ponte Vecchio.

[3] y [5] Dispuesta sobre tres colinas que convergen suavemente hacia una de las plazas más bellas del mundo, Siena es menos austera que Florencia, su gran rival, probablemente por el color ocre de su piedra, ese famoso tierra siena que le confiere una gran suavidad.

Ciudades donde se respira arte

La bellísima Piazza del Campo de Siena, en forma de concha [1], enmarcada por el Palazzo Pubblico y la catedral [2], con su dibujo de líneas horizontales en mármol blanco y negro [4].

La larga historia de Roma ha dado lugar a un número considerable de palacios e iglesias, plazas y calles. De enormes proporciones con respecto a la plaza que ocupa, la Fontana de Trevi [2], a medio camino entre el Barroco y Clasicismo, fue inmortalizada por la sensual Anita Ekberg gracias a Fellini.

[1] El parque de la Villa Borghese, en Roma.
[3] Las ruinas del Foro y el Coliseo recuerdan la Antigüedad romana.
[4] El barrio del Trastevere.

[2] Detalle arquitectónico de una casa romana.
[3] El monumento a Víctor Manuel II, llamado por los romanos «la máquina de escribir», es quizá la expresión de un gusto por el arte clásico.

Ciudades donde se respira arte

Desde la Antigüedad romana hasta el siglo XX: templo de Saturno y Arco del Triunfo de Septimio Severo [1]; teatro de Ostia Antica, cerca de Roma [4]; vista general del Foro con el Coliseo al fondo [5] y ruinas del palacio de Septimio Severo [6].

Es difícil enumerar todas las fuentes de Roma: la fuente del Tritón, en la plaza Barberini [1], la fuente de los Cuatro Ríos en la plaza Navona [2] y la fuente Barcaccia en la plaza de España [página de la derecha]. Todas ellas firmadas por el célebre escultor y arquitecto Bernini, que en estas tres obras expresa su predilección por el Barroco (torsión de las formas, búsqueda del movimiento, efectos de ilusión óptica).

En muchas plazas de Roma hay palacios y fuentes: la fuente de las Náyades [2], en la plaza de la República, y la fuente del Moro [3], al sur de la plaza Navona. [4] En la plaza del Capitolio, diseñada por Miguel Ángel, el Palazzo Nuovo.

Ciudades donde se respira arte

[1], [5] y [6] Vista del Tíber, el puente del Santo Ángel y la basílica de San Pedro de Roma, para la que Bernini diseñó la extraordinaria plaza elíptica rodeada por cuatro filas de columnas.

Situada en un lugar admirable, Palermo ha conservado numerosas riquezas: la catedral [1] y [3] y la fuente Pretoria [2], diseñada para los jardines de una villa florentina y rebautizada con el nombre de «fuente de la vergüenza», ya que las estatuas desnudas escandalizaban a las religiosas de los conventos vecinos.

Nápoles [6], ciudad fantasiosa, trágica, alegre y exaltada, ha conservado muchas iglesias, plazas, fuentes, museos y galerías comerciales, como la espectacular Galleria Umberto I [4] y [5].

[1] y [2] «Siracusa es la más grande de las ciudades griegas y la más bella del mundo», afirmaba Cicerón. A pesar del tiempo transcurrido y de la huella que han dejado en la ciudad las distintas civilizaciones, resulta difícil desmentir la opinión de este escritor romano. No hay más que recorrer su paseo marítimo y su casco histórico.

Ciudades donde se respira arte

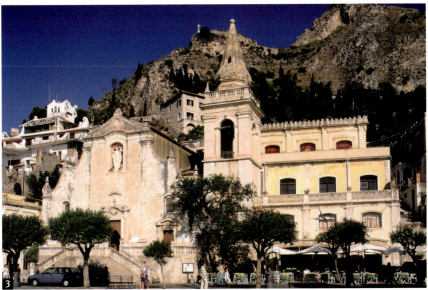

[3] El resto de la ciudad no carece de encanto, con sus iglesias y sus plazas bordeadas de terrazas, que ofrecen bellas vistas sobre el mar. Aquí, la plaza del 9 de abril.
[4] El teatro griego de Taormina, suspendido sobre el mar, es una pequeña joya.

Índice de ciudades

A

Aberdeen (China) 168
Abu Dhabi (Emiratos Árabes Unidos) 238, 244
Acapulco (México) 134
Agra (India) 212
Alejandría (Egipto) 28, 42, 43, 44, 45, 46
Alepo (Siria) 238
Ámsterdam (Holanda) 310, 320, 321, 322, 323
Angkor (Camboya) 262, 270, 271, 272
Argel (Argelia) 48, 66, 67
Asís (Italia) 430, 440, 441
Atenas (Grecia) 416, 420

B

Bangkok (Tailandia) 262, 266, 267, 268
Barcelona (España) 390, 392, 393, 394
Bath (Gran Bretaña) 366, 380
Benarés (India) 184, 222
Berlín (Alemania) 286, 296, 297, 298, 299, 300, 301, 302, 304
Bilbao (España) 390, 396, 397
Bombay (India) 184, 190, 191, 192
Brasilia (Brasil) 78, 82, 88
Brujas (Bélgica) 310, 330, 331, 332
Budapest (Hungría) 334, 356, 358, 359
Buenos Aires (Argentina) 78, 92, 93, 94, 95, 96
Bujara (Uzbekistán) 230, 231, 232

C

Calcuta (India) 184, 194, 195
Cannes (Francia) 366, 376, 377
Cartagena de Indias (Colombia) 140, 141
Cartago (Túnez) 48, 68, 69
Chicago (Estados Unidos) 102, 114, 116, 118, 119
Chinguetti (Mauritania) 20, 22, 23
Copenhague (Dinamarca) 310, 316, 317, 318
Córdoba (España) 390, 398
Corfú (Grecia) 416, 418, 419
Cracovia (Polonia) 334, 344, 345, 346, 347
Cuzco (Perú) 134, 136, 137

D

Damasco (Siria) 238, 252, 253
Delhi (India) 184, 198, 199, 200, 201

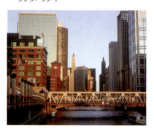

Dubái (Emiratos Árabes Unidos) 238, 240, 241, 242, 243
Dubrovnik (Croacia) 416, 424

E

Edimburgo (Gran Bretaña) 366, 378, 379
El Cabo (Sudáfrica) 8
El Cairo (Egipto) 28, 30, 31, 32, 34
Essaouira (Marruecos) 48, 50, 51, 52, 53
Estambul (Turquía) 238, 258, 260, 261
Estocolmo (Suecia) 310, 312, 313, 314, 315

F

Fez (Marruecos) 48, 54, 55
Florencia (Italia) 430, 446

G

Génova (Italia) 96
Granada (España) 390, 400

H

Hong Kong (China) 156, 168, 170, 171, 241, 242, 276

I

Ispahán (Irán) 226, 234, 236, 237

J

Jaipur (India) 208, 209, 210, 211
Jerusalén (Israel) 8, 238, 248, 249, 250
Jiva (Uzbekistán) 226, 228, 229, 230
Jodhpur (India) 202, 204, 205, 206

K

Kairuán (Túnez) 48, 72, 73, 74
Katmandú (Nepal) 186, 187, 188
Kuala Lumpur (Malasia) 262, 264, 265
Kioto (Japón) 156, 174, 176, 177, 178, 179

L

La Habana (Cuba) 134, 142, 143, 144
La Meca (Arabia Saudita) 238, 245
La Valetta (Malta) 416, 428, 429
Lahore (Pakistán) 184, 224, 225
Lalibela (Etiopía) 8, 10
Las Vegas (Estados Unidos) 102, 120, 121
Lhasa (Tíbet) 156, 182, 183

Lisboa (Portugal) 390, 412, 413
Londres (Gran Bretaña) 337, 366, 382, 385
Los Ángeles (Estados Unidos) 102, 126, 128, 129
Luxor (Egipto) 28, 36, 37, 38

M

Macao (China) 156, 172, 173
Madrid (España) 390, 402
Mantua (Italia) 439
Marrakech (Marruecos) 48, 60, 61, 62, 64, 65
México (México) 134, 148, 149, 150
Meknés (Mequinez) (Marruecos) 48, 58, 59
Melbourne (Australia) 262, 280, 281
Mogador (Marruecos) 48
Moscú (Rusia) 334, 340, 341, 342, 365

Munich (Alemania) 286, 306, 308, 309

N

Nápoles (Italia) 430, 457
Nara (Japón) 180, 181
Nueva York (Estados Unidos) 86, 102, 104, 106, 108, 276

O

Oporto (Portugal) 390, 414

P

Palermo (Italia) 430, 456
París (Francia) 92, 262, 366, 368, 369, 370, 372, 373
Pekín (China) 156, 162, 163, 164, 166, 167
Pondichery (India) 214
Potsdam (Alemania) 286, 304

Praga (República Checa) 334, 348, 349, 350, 352, 353

Q

Quebec (Canadá) 102, 130, 132, 133

R

Riga (Letonia) 334, 360, 361
Río de Janeiro (Brasil) 78, 80, 81, 82, 83
Rodas (Grecia) 416, 422, 423, 428
Roma (Italia) 46, 68, 390, 430, 448, 449, 451, 452, 454, 455

S

Salamanca (España) 390, 401
Salzburgo (Austria) 286, 294, 295

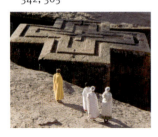

Samarcanda (Uzbekistán) 226, 232
San Francisco (Estados Unidos) 102, 122, 123, 124, 125
San Luis (Senegal) 20, 26
San Petersburgo (Rusia) 334, 336, 337, 338, 339
Sanaa (Yemen) 238, 254, 255
Santa Mónica (Estados Unidos) 126, 128
Santiago de Compostela (España) 390
Sao Paulo (Brasil) 78, 86, 87
Sevilla (España) 390, 406, 407, 408, 409
Shanghái (China) 156, 158, 159, 160
Shibam (Yemen) 238, 256, 257
Siena (Italia) 430, 446, 447
Singapur (Singapur) 262, 276, 277, 278, 279
Sintra (Portugal) 390, 415
Siracusa (Italia) 430, 458
Split (Croacia) 416, 426, 427
Sídney (Australia) 262, 282, 283

T

Tallin (Estonia) 334, 364, 365
Tánger (Argelia) 48
Taormina (Italia) 430
Tokio (Japón) 174, 176, 177
Tombuctú (Mali) 20, 27

U

Udaipur (Rajastán) 216, 217, 218, 220, 221
Urbino (Italia) 438
Ushuaia (Argentina) 78, 100, 101

V

Valparaíso (Chile) 78, 90, 91

Vaticano (Ciudad del Vaticano) 262, 310, 312
Venecia (Italia) 262, 310, 312, 327, 416, 421, 430, 434, 436
Veracruz (México) 134, 146, 147
Viena (Austria) 286, 288, 289, 290, 291
Vilna (Lituania) 334, 362, 363

W

Washington (Estados Unidos) 102, 112, 113

Y

Yibuti (Yibuti) 8, 11

Z

Zanzíbar (Tanzania) 8, 16, 18, 19

Créditos fotográficos

Todas las fotografías de esta obra proceden de la agencia HEMIS a excepción de la fotografía principal de la cubierta:

© Blandine100-Fotolia.com

Títulos de la colección

Castillos
Perros
Maravillas del mundo
Caballos
Fútbol
Los desiertos
La felicidad
Islas del mundo
Ciudades maravillosas